当代公共政策研究路径

〔美〕B. 盖伊·彼得斯
（B. Guy Peters）
〔法〕菲利普·齐图恩　主　编
（Philippe Zittoun）

张岌　郭春甫　译

理论、议题与视角

Contemporary Approaches to Public Policy:

Theories,Controversies and Perspectives

社会科学文献出版社
SOCIAL SCIENCES ACADEMIC PRESS (CHINA)

作者简介

穆利亚·阿姆里（Mulya Amri），新加坡国立大学李光耀
公共政策学院亚洲竞争力研究所研究员。他领导全所聚焦印
度尼西亚次国家竞争力研究，并关注城市发展及其治理的政
治经济学。穆利亚获得新加坡国立大学公共政策博士学位和
加州大学洛杉矶分校城市规划硕士学位。他的博士学位论文
于 2016 年完成，题目是"创新型城市政府：用交易成本理论
解释印度尼西亚和菲律宾中等城市的公共创新"（"Innovative
City Governments: A Transaction Cost Approach to Explain Public
Innovation in Midsized Cities of Indonesia and the Philippines"）。

安娜·杜诺娃（Anna Durnová），政治学家，也是训练有
素的语言理论家。她研究情感和语言在政策过程中的作用。自
2012 年 10 月以来，安娜在赫塔·菲恩伯格计划（Hertha Firnberg
Programme，FWF）中协同完成了"谈判真相：塞麦尔维斯，论
手部卫生和情感政治"（"Negotiating Truth: Semmelweis, Discourse
on Hand Hygiene and the Politics of Emotions"）这一项目。她是
维也纳大学政治学系讲师。2012 年，她担任布尔诺马萨里克大
学的客座教授。2009~2010 年，她在里昂大学担任讲师和研究

员。她还曾在埃塞克斯大学（2012 年）、巴黎大学（2007 年）和布拉格大学（2009 年）担任客座研究员。她是《批判性政策研究》（*Critical Policy Studies*）的论坛编辑。除了学术活动，她还是捷克日报社（Czech daily press）《经济报》（Hospodářské Noviny）的外联合作者。最近的出版物：安娜·杜诺娃（2013）：《亲密治理：通过"分享意义"来解释医疗保健政策》，《批判性社会政策》，33（3），第 494~513 页［Durnová，A.（2013）. Governing through intimacy: Explaining care policies through 'sharing a meaning'. *Critical Social Policy*，33（3），494-513］；安娜·杜诺娃（2013）:《"权钱人士"和"愚蠢积极分子"的故事：布尔诺铁路站争论中的对抗性价值、治理和反思》，《环境政策和计划》，第 1~17 页［Durnová，A.（2013）. A Tale of 'Fat Cats' and 'Stupid Activists': Contested Values, Governance and Reflexivity in the Brno Railway Station Controversy. *Journal of Environmental Policy & Planning*, 1-17］。

丽贝卡·艾斯勒（Rebecca Eissler），得克萨斯大学奥斯汀分校的研究生。她的研究方向包括美国总统、官僚机构、政策过程和议程设置。她目前的研究重点是总统议程和官僚机构之间的关系。她是美国政策议程项目的项目主管。

弗兰克·菲舍尔（Frank Fischer），任教于德国卡塞尔大学，该校隶属于美国罗格斯大学布劳斯汀规划与公共政策学院，同时，他目前还担任德国达姆施塔特大学 KIVA① 客座教授。他

---

① 德国跨学科网络初始能力培养项目（Kompetenzentwicklung durch interdisziplinäre Vernetzung von Anfang an，KIVA）。——译者注

还是《批判性政策研究》和《批判性政策研究手册》(*Handbook on Critical Policy Studies*)(Elgar，2015)的联合主编。他的新书《气候危机和民主预期》(*Climate Crisis and the Democratic Prospect*)将于2016年由牛津大学出版。[①]

克里斯托弗·胡德(Christopher Hood)，(www.christopherhood. net) 40多年来在三大洲教授公共行政与政府的课程。自2001年起，他成为牛津万灵学院研究员，并于2001年至2014年担任格莱斯顿政府教授（现为名誉退休教授）。他专门研究执行政府、监管和公共部门改革，目前正在完成对财政紧缩政治的比较分析，以补充他与大卫·希尔德（David Heald）和罗扎纳·希马兹（Rozana Himaz）2014年编撰的卷目《当政党完结：一种财政紧缩政治的视角》(*When the Party's Over: The Politics of Fiscal Squeeze in Perspective*)(British Academy/ OUP，2014)。他［与露丝·狄克逊（Ruth Dixon）合著］的《运作良好且低成本的政府？对英国中央政府30年改革和转变的评估》(*A Government That Worked Better and Cost Less? Evaluating Three Decades of Reform and Change in UK Central Government*)(OUP，2015)荣获美国国家公共行政学院2015年布朗洛（Brownlow）图书奖。

海伦·M. 英格拉姆(Helen M. Ingram)，亚利桑那大学西南中心研究员，加州大学尔湾分校名誉教授。她在哥伦比亚大学获得博士学位。除了与安妮·施耐德（Anne Schneider）

---

① 本书编撰完成时还未到2016年，《气候危机与民主预期》一书最终于2017年出版。——译者注

和彼得·德莱恩（Peter deLeon）在政策理论和设计方面的研究工作外，她还出版了自然资源和环境政策方面的著作。她的著作一贯的主题是民主、公平和平等。她与劳尔·莱亚诺（Raul Lejano）和米里尔·英格拉姆（Mrill Ingram）合著了《环境网络故事的力量》（*The Power of Narratives in Environmental Networks*）（MIT Bess）。2015 年，她获得了美国政治科学协会科学、技术与环境政治部颁发的埃莉诺·奥斯特罗姆职业成就奖（Elinor Ostrom Career Achievement Award）。她居住在亚利桑那州的图森市，在那里她坚持研究和写作。

汉克·詹金斯 – 史密斯（Hank Jenkins-Smith），1985 年在罗切斯特大学获得政治学和公共政策博士学位。他曾在美国能源部政策分析办公室（1982~1983 年）担任政策分析师，并曾任职于南方卫理公会大学、新墨西哥大学和得克萨斯农工大学。他目前是俄克拉荷马州立大学政治学系的乔治·林恩（George Lynn）交叉研究教授。他是能源、安全与社会中心的主任，也是国家风险与韧性研究所的联合主任［与卡罗尔·席尔瓦（Carol Silva）博士一起任职］。詹金斯 – 史密斯教授出版了有关公共政策过程、风险感知、国家安全、天气、能源和环境政策的书、文章和报告。

彼得·约翰（Peter John），伦敦大学学院公共政策学院政治学和公共政策教授。他因出版公共政策著作《分析公共政策》（*Analysing Public Policy*）（2012 年第二版）和《让政策运转起来》（*Making Policy Work*）（2011）而闻名。他与基思·道丁（Keith Dowding）合著《退出、呼声和社会投资：公民对公共服务的反映》（*Exits, Voices and Social Investment:*

Citizens' Reaction to Public Services）（2012），和安东尼·贝尔泰利（Anthony Bertelli）（纽约大学）合著《公共政策投资》（*Public Policy Investment*）（2013）。他通过实验来研究公民参与公共政策的行为，目的是找出政府和其他公共机构可以做些什么来鼓励公民实施集体利益行为。这项研究发表在《推进，推进，思考，思考：使用实验来改变公民行为》（*Nudge, Nudge, Think, Think: Using Experiments to Change Civic Behaviour*）一书中，该书在 2011 年由布鲁姆斯伯里学术出版社（Bloomsbury Academic）出版。他也是行为洞察团队的学术顾问，参与了一些试图通过实验来检验行为洞察的项目，例如税务提醒和渠道转移的重新设计。他还是《公共政策杂志》（*Journal of Public Policy*）的联合编辑。

布莱恩·D. 琼斯（Bryan D. Jones），国会研究的詹姆斯·杰瑞德·"杰克"·派克尔（J.J. "Jake" Pickle）董事会主席和得克萨斯大学奥斯汀分校的政府学教授。他的研究兴趣集中在公共政策过程、美国治理机构以及人类决策与组织行为之间的关系。琼斯领导的政策议程项目，现设在得克萨斯大学。琼斯获得了美国国家科学基金会总计超过 265 万美元的资助，并在《美国政治学评论》（*American Political Science Review*）、《政治学杂志》（*Journal of Politics*）、《美国政治学杂志》（*American Journal of Political Science*）、《政策研究杂志》（*Policy Studies Journal*）和许多其他专业期刊上发表了文章。他曾担任中西部政治科学协会副主席，并在 2010~2011 年担任该协会主席。琼斯的著作包括《政治与选择构建》（*Politics and the Architecture of Choice*）（2001）和《再思民主政治中的决策制定》（*Reconceiving Decision-Making* *in Democratic Politics*）（1994），这两本书都获得了美国政治科学协会（APSA）政治心理学组罗伯特·莱恩奖（Robert Lane Award）；《信息政治》（*The Politics of Information*）[与弗兰克·鲍姆加特纳（Frank Baumgartner）合著，2015 年]；《政治注意力》（*The Politics of Attention*）（与弗兰克·鲍姆加特纳合著，2005 年）；以及《美国政治的议程和不稳定性》（*Agendas and Instability in American Politics*）（与弗兰克·鲍姆加特纳合著，1993 年），因其对美国政治科学协会公共政策分部持久的公共政策研究贡献而获得 2001 年阿伦·维尔达夫斯基奖（Aaron Wildavsky Award）。

彼得·德利翁（Peter deLeon），在过去 40 年的公共政策领域内保持多产，精通国家安全和科学政策。他曾在世界各地演讲，包括韩国、中国、日本、新加坡、澳大利亚、以色列、墨西哥和欧盟委员会办事处。他曾担任著名政策期刊《政策科学》（*Policy Sciences*）和《政策研究杂志》（*Policy Studies Journal*）的编辑，并接受科罗拉多大学董事会的邀请，成为该校的杰出学者。2012 年，他从该大学退休。

海伦·玛格茨（Helen Margetts），社会与互联网研究领域教授，曼斯菲尔德学院教授研究员和牛津大学牛津互联网研究所所长。她专攻数字时代的政府和政治，最近研究了如何使用多学科数据科学方法来理解数字世界中的政治。她撰写了 100 多本关于这些主题的书、文章和政策报告，包括 [与彼得·约翰（Peter John）、斯科特·海尔（Scott Hale）、塔哈·亚瑟尔（Taha Yasseri）合著]《政治动荡：社会媒体如何形成集体行动》（*Political Turbulence: How Social Media Shape Collective Action*）（Princeton

x

University Press，2015）；［与克里斯托弗·胡德（Christopher Hood）编著的］《现代化困境：意想不到的公共政策改革结果》（*Paradoxes of Modernization: Unintended Consequences of Public Policy Reform*）（牛津大学出版社，2010）；（与克里斯托弗·胡德合著）《数字时代中的政府工具》（*The Tools of Government in a Digital Age*）（Palgrave Macmillan，2007）；［与帕特里克·邓利维（Patrick Dun Leary）、简·廷克勒（Jane Tinkler）和西蒙·巴斯托（Simon Bastow）合著］《数字时代的治理》（*Digital Era Governance*）（Oxford University Press, 2006, 2008）。

B. 盖伊·彼得斯（B. Guy Peters），匹兹堡大学的莫里斯·福尔克（Maurice Falk）政府学教授，国际公共政策协会主席。他拥有密歇根州立大学的博士学位和四所欧洲大学的荣誉博士学位。他是《治理》（*Governance*）和《欧洲政治科学评论》（*European Political Science Review*）的创始编辑，编撰和著述了70多本书。他最近出版的作品有《公共政策：高级导论》（*Public Policy: An Advanced Introduction*）、《追求水平化管理：协调政治、治理和比较政治》（*Pursuing Horizontal Management: The Politics of Coordination, and Governance and Comparative Politics*）［与乔恩·皮埃尔（Jon Pierre）合著］。

安妮莉丝·罗素（Annelise Russell），得克萨斯州大学奥斯汀分校政府学博士候选人。她的研究方向包括美国机构内部的公共政策，特别是国会和媒体。她的论文涉及政策制定者在社交媒体上的战略传播以及它们作为大众和精英优先事项之间联系的潜力。罗素是政策议程项目本科生研究和教育的主管，她指导学生如何运用研究方法和数据库开发。她的研究成果发表于《政策研究期刊年鉴》（*Policy Studies Journal Yearbook*）、《美国治理》（*American Governance*）和《华盛顿邮报》的"猴笼"（"Monkey Cage"）博客专栏。

安妮·拉拉森·施耐德（Anne Larason Schneider），博士，对政治和公共政策如何成为人们生活中的积极力量有着毕生的兴趣。在印第安纳大学获得政治学博士学位后，她先后在耶鲁大学、俄克拉荷马州立大学和亚利桑那州立大学担任学术职务。1989 年至 2004 年，她担任亚利桑那州立大学公共项目学院院长。然后，直到 2010 年，都在该校的司法研究学院和政治学系任教。她现已退休，但仍然作为《亚利桑那州立法警示报》（*The Arizona Legislative Alert*）邮件时事通讯的临时政策编辑在继续工作，并成为活跃在许多地方组织中的一名志愿者。她的著作包括《民主政策设计》（*Policy Design for Democracy*）（U. of Kansas Press）；《获取与授权：社会建构和公共政策》（*Deserving and Entitled: Social Constructions and Public Policy*）（SUNY Press）；以及《威慑和青少年犯罪：国家政策实验的结果》（*Deterrence and Juvenile Crime: Results from a National Policy Experiment*）（Springer Verlag）。她有两本自己出版的诗集，《沙漠的诗》（*Desert Poems*）和《映像》（*Reflections*）。

尼古拉斯·扎哈里亚迪斯（Nikolaos Zahariadis），罗德斯学院国际研究的梅蒂·巴克曼（Mertie Buckman）教授。他发表了较多的关于比较公共政策和欧洲政治经济问题的文章。他的新书《欧盟政策过程框架》（*Frameworks of the European Union's Policy Process*）于 2013 年由劳特利奇出版

xi

社（Routledge）出版。他目前正在编辑两卷书。这两卷书分别是 2016 年由爱德华·埃德加出版社（Edward Edgar）出版的涉及议程设置的书，以及将于 2017 年由劳特利奇出版社出版的有关欧洲公共政策的书。

菲利普·齐图恩（Philippe Zittoun），里昂大学实验规划经济运输—国家公共工程（LAET-ENTPE）学院政治学和公共政策研究教授，也是国际公共政策协会秘书长。他最新的一本关于公共政策的书是《政策制定的政治过程》（*The Political Process of Policy-Making*）（2014 年法语版和英语版），他将与夏洛特·哈尔伯恩（Charlotte Halpern）、帕特里克·哈森图费尔（*Patrick Hassenteufel*）合编《法国政策分析》（*Policy Analysis in France*）（即将出版）。[①] 他的研究侧重于知识、话语和行动者权力在政策过程中的作用，并得到不同政策（住房、交通、页岩气、环境）的重要实证研究的支持。他还是重要学术期刊［《政策研究杂志》（*Journal of Policy Studies*）、《比较政策分析杂志》（*Journal of Comparative Policy Analysis*）、《批评政策研究》（*Critical Policy Studies*）等］的编辑委员会成员。

---

① 已于 2018 年出版。——译者注

译者简介

张岚，西南政法大学政治与公共管理学院副教授，硕士生导师，中山大学管理学博士，主要从事公共财政与预算、大数据与政府治理等相关方面的研究。主持国家自然科学基金青年项目、教育部人文社会科学青年项目，参与国家社会科学青年基金项目、教育部人文社会科学青年项目和重点研究基地重大项目，出版专著两部，译著两部，公开发表中英论文十余篇。

郭春甫，西南政法大学政治与公共管理学院教授，硕士生导师，武汉大学管理学博士，主要从事基层风险与政策研究，主持十余项省部级以上项目，出版专著四部，译著一本，公开发表论文三十余篇。

目录

Contents

图表目录

第一章 导 论

B. 盖伊·彼得斯　菲利普·齐图恩

引　言

　　2013 年，国际公共政策会议召开。在聚焦当代公共政策　1
研究路径的第一次圆桌会议上，一名参会者将政策科学领域描
述为"交战部落"。虽然不同政策研究路径之间的冲突程度很
容易被夸大，但在研究公共政策时，通常会使用一些重要的，
有时甚至是相互矛盾的方法。这些路径为政策选择提供了替代
解释，并为理解这些政策选择的后果提供了一系列手段。这些
路径有与各种政策动态想法相联系的不同知识背景和认识论假
设，因此，我们可能会以完全不同的方式来理解同一组政策制
定数据。

　　这些不同的路径往往会互相忽略，就像它们互相冲突一样。
在某种程度上，它们和政策研究所涉及的不同学术学科的观点
相关。但是，更令人惊讶的是，一些相互漠视却是同一学科中　2
不同认识论方法所导致的。以政治学来说，它是最重要的学科
之一——在它看来，公共政策是它一个完整的分支学科——这

正是漠视的一个相关例子。在公共政策领域，我们可以识别出彼此漠视的十多种不同的路径。

从科学的角度来看，这种漠视是有问题的。因为在讨论中，即使公共政策研究路径明显存在分裂和争议，其也能帮助指导假设、概念、经验观察、理解和结论，并最终帮助产生更符合严谨逻辑的知识。借用卡尔·波普尔（Karl Popper）的一个术语，围绕一个理论的检验和相互辩论有助于巩固其"科学性"。

本书建议通过聚焦于公共政策的政治学研究路径来促进这些路径之间的辩论。因此，它在很大程度上忽视了经济分析、伦理和实践领域，比如公共卫生（因为它涉及公共政策）的重要性。如果对政治学领域的选择在某种程度上是一种限制——鉴于其他学科对政策确实有很大的发言权——我们认为，这是第一步，即通过限制话语范围，提供开放辩论的真正机会。

为了更好地理解政治学中的政策科学领域，我们首先展示已经发展的不同路径的快速思维导图。这些政策研究路径相互忽略的倾向可以先从不同的政策研究的根本目的来予以理解。我们确定了产生政策研究差异的两个初步构想维度。第一个维度区分了研究的主要对象：政策与政策过程。

第一个维度我们称为"政策分析"，试图将政策本身作为一个研究对象，并为政策过程产生理解和规范知识。一项政策分析研究通常试图找出构成公共政策的不同因素——例如，工具、问题、原因、后果、法律、决定、公众关注等——以理解它们之间的联系和提出一些新的关系。在政策分析中，我们可以分出不同的亚类，如"政策设计"，这有助于产生"问题提出的原因假设、试图补救这种情况的工具以及理解会产生什么样的结果这三者之间的明确联系"（Peters 2015，p. 2）。我们还可以将"政策评估"也归纳为一个亚组，它提议在政策的结果、产出和目标之间产生规范性知识。自 20 世纪 50 年代以来政策分析在美国得到了广泛的发展，它不仅由研究人员来进行，也由实践人员和专家来进行。 3

第二个维度我们称为"政策过程研究"，旨在产生关于政策过程本身的知识，使我们能够更好地理解政策制定的动态，以及在其过程中发挥关键作用的不同因素。这些类型的研究对构成整个过程的不同要素非常感兴趣，如问题议程设定、决策、政策制定、实施等；它们聚焦于它们之间的规范和因果关系。在这类研究中，时间性（temporality）是一个关键的维度，其特别关注不同的情境、不同类型的从业者（官僚、政治家、公司、公民等），不同的机构、不同的想法和论述等在中所扮演的角色。在第二类中，我们也可以将其重组为不同的亚类，如"政策变化研究"、"政策制定研究"和"政策执行研究"。

另一个难以定义公共政策的原因是一些路径间的区别——理解政策或政策过程的理论层面和提出建议的应用层面是互补的——另一些路径认为这两个层面不相容并导致理解偏差。如果第一种路径的目的是影响政治进程，那么在第二种研究路径中，研究公共政策的目的通常是简单地理解政治过程（Zittoun 2014），这体现在通过"议题机制"处理政策提议的方式上（Braybrooke 1974）。这是一个古老的争论，存在于所有的社会科学中，例如，大卫·伊斯顿（Dvid Easton）在拉斯韦尔（Lasswell）开始发展政策科学时，就对拉斯韦尔的工作进行了评论。伊斯顿提到了两项拉斯韦尔的研究——第一项研究是在第二次世界大战前，其研究旨在创造知识，以帮助政府了解精英程序和宣传机器——之后，拉斯韦尔的研究则在于帮助政府实施"好的"决策（Easton 1950）。但这种理论与应用的差异不仅是认识论上的，而且还受到相关国家的研究政策及其与政治学关系的影响。这可能就是为什么我们发现德国和法国研究者更多地聚焦于第二项研究，而更多的美国和英国研究者则聚焦第一项研究。

4　　　所有这些研究路径都是有效的，都有助于政策研究，但它们关注不同的对象和问题，因此它们之间不一定相互联系。正如我们在本书副标题（理论、议题与视角）中所建议的，本书的目的是提出一些不同的政策研究路径，进而从新的角度去增益辩论、交流和相互理解。为此，我们选择了八种当代研究路径（我们认为这是研究界最常用的研究路径），并要求研究每种研究路径的权威专家不仅要考虑当代政策研究的性质，还要考虑未来研究的路径。因此，本书对当代公共政策研究以及这一研究领域中不断出现的问题提供了重要的见解。

　　本章的其余部分将探讨公共政策文献中发现的一些基本问题。我们先总体上讨论这些问题，然后在本书涉及这些议题的具体章节中再指明方法。

什么是公共政策？

　　必须提出的最基本问题是：我们如何定义公共政策和国家在政策中的作用？这可能因为作者的不同而产生许多不同的定义；但是，本书的十章内容都没有打破托马斯·戴伊（Thomas Dye）（1972）在 20 世纪 70 年代就已经观察到的传统模式。除了这种多样性外，有关政策定义的最基本的认识论问题是："它在多大程度上是一种经验定义的现象"与"它是一个更多地由政治和社会过程构建的现象"之间的对抗。公共政策分析中所做的大部分工作都采取了本质主义立场：学者们认为，对政策的理解是由政治过程构建的，其意义更多在于它是一个解释性问题而不是本质性问题（Zittoun 2014；Fischer and

Gottweiss 2012）。

第二个定义问题是，公共政策在多大程度上仅限于国家的活动，或者它是否也囊括了以国家之名或像公共部门行动者般具有影响力来行事的团体和个人的行动。在这一范围的一端是几乎只关注公共部门的学者，尽管在数量上他们占有的比例越来越低（参见 Bell and Hindmoor 2009），而另一端则是那些认为没有政府的治理（并因此制定政策）是可能的也可取的学者（Rhodes 1996；Koppenjan and Klijn 2004）。如果我们回避这两种极端立场，那么，仍然不可否认的是，当代公共政策涉及公共部门和私营部门行动者之间的大量互动，无论这些私营部门行动者是市场行动者还是非市场行动者（Torfing et al. 2012）。

关于公共政策的其他定义争辩可能存在，也确实存在，但这一领域的研究往往是一个能够包含一系列方法的"大帐篷"。事实上，在政治科学中，处理公共政策的视角和方法的多样性激发了该领域的活力。不仅实际采取和执行的政策不断改变，而且用于理解这些政策的知识性方法也在继续发生变化。如果我们把其他学术领域的工作也包括在内，如经济学、社会学和规划学，研究将变得更加多元化和更具挑战性。

本书第三章讨论了政策的性质以及各国政府及其伙伴对这些行动的其他思维方式。安娜·杜诺娃、弗兰克·费舍尔和菲利普·齐图恩在第三章中检验了政策在政策过程的参与者之间构建了一个话语行动的定义与论据。研究人员需要掌握这一行动，不是为了判断过程或提出一个新的过程，而是为了理解政策过程及其政治性。

政策阶段

这里讨论的政治学研究路径可以依次分为几个阵营，这些不同的阵营可以帮助确定这门学科关于政策的思维模式。也许政治科学的政策研究路径的主要困难是考虑政策过程。[①] 在公共政策研究成为这门学科的惯例之前，这种考虑一直是这一学科的核心。例如，立法学者会讨论"法案如何成为法律"，这就是我们现在所说的政策制定和政策合法化的研究。政策过程的阶段模型（Jones 1984）包括五个阶段，首先是通过评估来制定议程和进程，这成为了解政策过程如何发挥作用的标准手段，并被制度化下来。

6　　学者是通过对各个过程阶段的专门研究来详细阐述这些阶段模型的。其中，最值得注意的研究之一可能是普雷斯曼（Pressman）和威尔达夫斯基（Wildavsky）（1974）在发展阶段模型本身之前对政策执行阶段的研究，它清楚地发展了与其中一个阶段相关的思想。尽管有些人可能会争辩——在原著出版和因而产生的将回溯图式政策作为可能的实施方法的讨论之后，该领域的知识增进相对较少（Elmore 1985；Linder and Peters 1989）。但是，对政策执行的研究仍然是公共政策和公共行政领域的一个支柱（除此之外还可以参见 Saetren 2014）。评估研究是对政策过程一个阶段的第二次重点阐述。这类文献既有更多地应用层面，也更多地政治层面。罗西（Rossi）等人（2014）和韦斯（Weiss）（1972）的文章是应用层面研究的最好代表，他们提供了对评估技术的见解，以及在这项研究中遇到的一些困难。[②] 更多的政治评估研究（参见 Vedung 2013）

---

① 关于过程研究路径相对较早的讨论，可以参见希普曼（Shipman）（1959）。我们感谢克里斯·韦布尔（Chris Weible）使我们注意到这一点。但关于政策过程的最早和开创性的工作是哈罗德·拉斯韦尔的分析描述（1956）。

② 虽然在这里被认为是政治学，但许多涉及评估的文献实际上可能更适合于社会学，在这篇文献中更好地发展了应用方法论，并在很大程度上聚焦于社会学范畴的社会问题。

强调了评估在政治过程中的特定政治障碍以及它在其中的使用方式。然而，这两条研究路线都指出，了解政策干预的后果对政府本身以及由政府提供服务的社会是多么重要。

第三个重点阐述的是基本政策—过程模型领域，它是对议程和议程设置的研究。这一研究领域首先确定议程对政策过程产出的重要性，然后开始详细阐述议程的各个方面和制定议程的机制（Cobb and Elder 1972）。此外，这些文献还识别了定义政策问题的需要，以及这些政策问题的具体定义对这一过程结果的重要性（Dery 2000；Payan 2006）。议程文献在间断均衡模型中得到了进一步的发展，第六章将详细地讨论这一议题。

除了对不同阶段的研究之外，研究人员的一个主要考虑是理解不同阶段之间的联系。如果说查尔斯·琼斯（Charles Jones）对步骤之间的联系抱有相对不确定的态度，并且表明，这五个步骤是作为启发性的步骤而不是按时间顺序联系的步骤，那么，对步骤之间联系的争论则可追溯到1978[①]年提出政策周期模型的梅（May）和威尔达夫斯基（1978）。这一问题也为金登（Kingdom 1984）的著作开辟了一条新的动态路径，在该著作中，他建议考虑三个独立源流（问题议程、政治过程、政策制定），并将它们的耦合条件转化为一个研究问题。

本书的其中一章（第六章）论述了政策过程的各个阶段。丽贝卡·艾斯勒、安妮莉丝·罗素和布莱恩·琼斯在第六章中首先研究议程设置，特别是已成为议程研究中心的间断均衡理论。这种研究路径已成为政府制定行动议程方式的一个主要比较性项目。尽管鉴于间断均衡的概念在整个公共政策研究中使用得更加普遍，该章还是尽可能地使下一节更符合关于政策制

7

[①]　原书为1979，经查，疑为1978。——译者注

定方法的普遍讨论，这正是该章作者所倡导的情况。

政策变化的解释

公共政策研究的第二条思路是试图为政府及其在私营部门的盟友所做的政策选择提供解释。其中一些解释通常涉及将政治科学中的一般理论方法应用于政策研究中，而另一些解释则更多的是出于进行政策制定的目的。这些方法还试图同时处理初始政策制定的问题及其变化动态。此外，鉴于政治和政府的最终目的是制定政策，这些解释公共政策的研究路径可以部分被视为对更普遍的采取政治行动的解释。

在政策选择研究中出现的一个主要问题是理性在多大程度上能够解释这些选择。尽管政治科学中的理性选择理论在公共政策研究中的应用相对较少，但经济学家们已经将其常用技术的某些方面应用到这一领域。这些应用主要用于评估政策——通常是成本效益分析——但也解释了在立法机构或联合政府中围绕特定政策选择而形成的联盟（Martin and Vanberg 2015）。

8 　　　许多学者认为，严格理性的要求与公共政策的复杂性（实质上的和政治上的）不相适应，政策研究更适合不完全理性的研究路径。政策的有限理性方法之父赫伯特·西蒙（Herbert Simon）认为，政策制定涉及太多的不确定性和太多可能的选择，使得完全理性难以实现（1947）。试图以完全理性的方式行事需要非常多的时间和资源，这样才能使其成为一种实际的可能。

决策受组织承诺、信息的可获性和许多其他因素的限制，因此，西蒙提出决策的"满意原则"，即足够好但不是最优的原则。这些决策是足够好的，然后可以审议，并可以不断改进政策。这种有限理性的逻辑类似于渐进主义的逻辑（Lindblom

1965；Hayes 2006），无论是在学术界还是在实践领域，它一直都是美国公共政策思想的核心。

不断修订政策的需要在理解公共政策方面提出了另一个挑战——政策变化。在某种程度上，对政策采用的解释和对政策变化的解释有很多共同点。但对政策变化的解释涉及如何应对根深蒂固的利益和政策理念的政治议题。例如，虽然在渐进主义文献中，可能政策的持续变化容易出现，但在现实中，变化通常会遇到强烈的反对。然而，那也说明，大多数现行政策确实体现了一些变革时段的交叠（Carter 2012）。

本书第二、四、五、九章提出了政策变化的替代解释。其中，由尼古拉斯·扎哈里亚迪斯撰写的第九章通过检视"多源流"政策研究路径，介绍了有限理性以及几个有限理性的拓展研究。这一系列文献中的论点是，政策可能不是理性设计的（也可以参见 Peters 2015），但是它代表了几个行动流和机会流的汇合。因此，政策并非那么理性的行动，它不是有计划的干预，而更像是行动者和事件的恰如其分的汇集。

第二章检验了政策的解释。克里斯托弗·韦布尔（Christopher Weible）和汉克·C. 詹金斯－史密斯检验了倡导联盟框架（ACF），该框架一直是理解政策变化的核心路径。这一研究路径对处理高度政治争议的政策问题特别重要。该框架解释了持有不同观点的政策行动者之间如何互动，以及这些互动如何产生变化。

第五章以已故的埃莉诺·奥斯特罗姆（Elinor Ostrom）的制度分析和设计框架为基础［由爱德华多·阿拉尔（Eduardo Araral）和穆利亚·阿姆里（Mulya Amri）撰写］。这一研究路径检验了个体行动者在制度化情境内互动以产生政策选择的方式。该章评估了这一研究路径的使用艺术，并就该路径的效用及其应用方式提出了一些重要问题。

9

第四章①阐释了制度理论在政策选择上的解释效力。尽管"新制度主义"一词或许不再是那么耳目一新，但它持续在为公共部门的运作方式提供真知灼见。虽然制度通常被认为是更有效地阻止了变化而不是实施改变（包括政策变化），但它们也可以激励政策。盖伊·彼得斯在第四章中讨论了制度的替代概念以及制度如何塑造政策选择和政策变化。

干预模式

政策分析的第三个主要问题是了解公共部门可用于改变经济和社会的资源。这种思路通常是以"政府工具"或"政策工具"为标题（特别是在 20 世纪 80 年代克里斯托弗·胡德出版了一本有影响力的著作之后）。②工具类文献与执行类研究密切相关，各国政府选择的工具与有效执行政策的能力有关。

但政府工具远不仅仅是解决公共问题的简单技术手段。它们具有强烈的政治性，几乎所有的决策都是如此：正如政策干预的目标会对社会不同阶层产生不同的影响，用于使这种干预发挥作用的工具也是如此（或希望如此）。例如，学生贷款方案既可以通过政府向学生直接贷款，也可以通过政府作为贷款担保人的私营部门银行来予以实施。但是，后一种干预模式可能会在教育和银行利益相关者之间建立政治联盟，从而使该方案更容易实施。

除了促进联盟建设外，政策工具还具有一系列其他政治

10

---

① 原书为十，应为四章。——译者注
② 尽管胡德的书在政治科学和公共管理方面一直具有影响力，但经济学家实际上更早就开始思考这个问题。例如，E.S.科斯沁（E.S.Kirschen）（1964）确定了可用于经济政策的 64 项工具。

影响。例如，政策工具干预会影响公众对政府的情绪。随着公众对公共政策措施的抵制程度越来越高，政府纷纷转向"新治理"，采用更温和、更具有自由裁量权的工具（Salomon 2001；Héritier and Rhodes 2012）。工具的选择也可能使政府能够向公众掩盖其一些活动。例如，选择税收支出而不是直接支出，使政府能够在没有钱的情况下，甚至在普通公民看来这些支出都不存在的情况下，仍然将资金转移到其预期的目标方向（Heald 2013）。

本书有两章推动了政策工具的研究。首先，第八章的撰写者克里斯托弗·胡德和海伦·玛格茨以胡德的原著以及胡德和玛格茨随后的一本书（2007）为基础，检验了政策工具在数字时代中的作用。他们在相关章节检验了政策工具的发展，在作者看来，政策工具伴随着政府在社会中持续改变其干预模式，以及公众也在改变他们对政府应如何表现的看法。

第七章也聚焦干预，它提出了政府利用政策工具去影响经济和社会的一个重要发展。相较于以往政府试图迫使公民以政府想要的方式行事，现在的政府试图"助推"公民以期望的方式行事（Thalen and Sunstein 2008）。彼得·约翰在第七章讨论了最初的有关"助推"的文献和基于心理学而非法律或经济学的其他干预手段。尽管这些干预措施被认为与更传统的手段相比侵扰性更低，但它们也可能允许政府以可能不那么明显的方式去操纵公众。因而，政府也很少控制这些措施。

公共政策中的规范性问题

除了界定公共政策的尝试之外，前文所讨论的研究类别都是从实证的立场来处理政策问题。政策的实证经验固然重要，　11

但这些选择也有一个重要的规范层面。也许，最重要的是：所有的公共政策都是再分配行为（包括潜含的人权以及人类的生活），并且，对形成再分配行为的范畴有着明显的疑问。基本规范的问题涉及正义、平等和舍弃，这都会体现在关涉公共政策的政府决策之中（参见 Sunstein 2014）。

在本书的最后一章（第十章），海伦·英格拉姆、安妮·施耐德和彼得·德利翁阐述了民主对公共政策的重要性。虽然他们的章节内容主要是基于美国的经验，但在许多工业化民主国家，不平等现象的加剧使他们的分析也具有普适性。除了不平等这一具体问题之外，民主参与怎样影响决策过程这一更普遍的问题对于民主和转型体制也都至关重要。

缺少什么？

虽然本书讨论了一些公共政策研究的中心议题和方法，但不可避免地遗漏了一些情况。或许最重要的是，它很少或根本没有对公共政策的经济分析予以关注。在决策的"现实世界"中，和技术相关（比如成本－效益分析）的经济学在政策采用的决策是如何作出上发挥着关键的作用。同样的，社会学、规划学和法律等其他学科视角在很大程度上也被忽视了。

此外，关于公共政策的具体领域，也有丰富和成熟的文献，然而在这一书中，它们中仅仅只是顺便被提及。如公共卫生、社会福利、食品、国防、环境、能源等领域都有政策专家，他们将一般政策模型应用于这些领域，并在这些领域的研究中容纳了许多知识基础。公共政策必然是关于某事的政策，因此，对致力于成为一名高效的政策研究者的学者来说，了解一个领域的事实基础是至关重要的。

任何一本书都必然具有选择倾向性，我们觉得有必要将我们的注意力集中在以政治学为中心的研究上，并将其放置于一个自我定义为政策研究的领域。正如我们在这里已经指出的那样，我们相信这一研究领域存在着丰富的多样性。未来更广泛的有关政策研究领域的尝试（参见 Peters and Pierre 2007）很可能会拓展其范式和实质性的政策领域。我们相信，这本书已经证明了，研究公共政策的思想和路径有着丰富的多样性。 12

结 论

即使我们主要关注政治学文献，这本书也将展示公共政策研究中存在的多样性。对于一些学者来说，重点都在于政策的本质，他们只是对同一主题上适用的观点和方法有着惊人的不同。而对于另一些学者来说，主要问题是政治过程，然而还有一部分学者认为，找到政策选择的可行解释才是关键。也有部分学者聚焦于公共部门如何最有效地干预经济和社会，最后，剩下的学者则关注政策选择的规范性含义。

除了展示这个领域的多样性之外，本书的章节还展示了该领域的连续性。我们今天提出的关于公共政策的大多数基本问题都是多年甚至几十年来提出的问题。这并不是说没有任何进展——进展当然有。但这种观念和关注的持续存在确实表明，公共政策无论是作为一种学术活动还是作为政府的现实活动，都存在着可能永远无法解决的持久性问题。在现实的治理世界中，这些问题可能会得到改善，而在学术界，在可预见的未来，我们将有充足的思想源泉来思考和讨论它们。

参考文献

Bell S., and A. Hindmoor. 2009. *Rethinking governance: The centrality of the state in modern society*. Cambridge: Cambridge University Press.

Braybrooke D. 1974. Traffic congestion goes through the issue machine. London: Routledge & Kegan Paul.

Carter P. 2012. Policy as palimpset. *Policy & Politics* 40: 423–443.

Cobb R.W., and C.D. Elder. 1972. *Participation in American politics: The dynamics of agenda-building*. Boston: Allyn and Bacon.

Dery D. 2000. Agenda-setting and problem definition. Policy Studies 21(1): 37–47.

Elmore R.F. 1985. Forward and backward mapping: Reversible logic in the analysis of public policy. In Policy implementation in federal and unitary states, ed. K. Han and T.A.J. Toonen, 76–98. Dordrecht: Martinus Nijhoff.

Fischer F., and H. Gottweiss. 2012. *The argumentative turn revisited: Public policy as communicative practice*. Durham: Duke University Press.

Hayes M.T. 2006. Incrementalism and public policy. Lanham: University Press of America.

Heald D. 2013. Why is transparency about public expenditure so elusive? International Review of Administrative Sciences 78: 130–149.

Héritier A., and M. Rhodes (eds.). 2012. *New modes of governance in Europe: Governing in the shadow of hierarchy*. Basingstoke: Palgrave.

Hood C., and H. Margetts. 2007. Tools of government in a digital age. Basingstoke: Macmillan.

Jones C.O. 1984. An introduction to the study of public policy, 2nd ed. Monterey: Brooks-Cole.

Kirschen E.S. 1964. Economic policy in our time. Amsterdam: North-Holland.

Koppenjan j., and E.-H. Klijn. 2004. *Managing Uncertainties in network*, Routledge, New York.

Lasswell H.D. 1956. *The decision process; Seven categories of functional analysis*. College Park: College of Business and Public Administration, University of Maryland.

Lindblom C.E. 1965. *The intelligence of democracy: Decision making through mutual adjustment*. New York: Free Press.

Linder S.H., and B.G. Peters. 1989. Implementation as a guide to policy formulation: A question of 'when' rather than 'whether'. International Review of Administrative Sciences 55: 631–652.

Martin L.W., and G. Vanberg. *Parliaments and Coalitions: The Role of Legislative Institutions in Multiparty Governance*, Oxford University Press, 2011.

May J.V., and A.B. Wildavsky. 1978. *The Policy Cycle*. Sage Publications.

Payan T. 2006. *Cops, soldiers and diplomats: Explaining agency behavior in the war on drugs*. Lanham: Lexington Books.

Peters B.G. 2015. An advanced introduction to public policy. Cheltenham: Edward Elgar.

Peters B.G., and J. Pierre. 2007. The handbook of public policy. London: Sage.

Rhodes R.A.W. 1996. The new governance: Governing without government. Political Studies 44: 652–667.

Rossi P.H., M.W. Lipsey, and H.E. Freeman. 2014. *Evaluation: A systematic approach.* Thousand Oaks: Sage.

Saetren H. 2014. Implementing the third generation research in policy implementation research: An empirical assessment. Public Policy and Administration 29: 84–105.

Salomon L.M. 2001. Introduction. In Handbook of policy instruments, ed. L.M. Salomon. New York: Oxford University Press.

Shipman G.A. 1959. The policy process: An emerging perspective. Western Political Quarterly 12: 535–547.

Simon H.A. 1947. Administrative behavior. New York: Free Press.

Sunstein C.R. 2014. *Valuing life: Humanizing the regulatory state.* Chicago: University of Chicago Press.

Thalen R.W., and C.R. Sunstein. 2008. *Nudge: Improving decisions about health, wealth and happiness.* New Haven: Yale University Press.

Torfing J., B.G. Peters, J. Pierre, and E. Sørensen. 2012. *Interactive governance: Advancing the paradigm.* Oxford: Oxford University Press.

Vedung E. 2013. Six models of evaluation. In Routledge handbook of public policy, ed. E. Araral, S. Fritzen, M. Howlett, M. Ramesh, and X. Wu, 387–400. London: Routledge.

Weiss C.H. 1972. *Evaluation research: Methods for assessing program effectiveness.* Englewood Cliffs: Prentice-Hall.

Wildavsky A., and J.L. Pressman. 1974. *Implementation,* University of California Press, USA.

Zittoun P. 2014. The political process of policymaking. Basingstoke: Macmillan.

14

第二章　倡导联盟框架：
争议性政策问题的比较分析方法

克里斯托弗·M.韦布尔　　汉克·C.詹金斯－史密斯

引　言

15　　　　自 20 世纪中叶公共政策开始成为一个研究领域以来，一个明确的挑战是为政策过程的比较研究开发出理论研究路径。这种研究路径可以将研究人员的注意力集中在一些普遍性问题上，提供共享词语，明确提出用于描述和解释的类似概念，并在概括多种情境共同点结构的需求与精确描述单一情境特殊性所必需的弹性之间取得平衡。

　　在美国，为政策过程比较研究开发理论研究路径的努力已经持续了 50 多年。早期理论研究路径的例子有政策科学框架（Lasswell 1970）、系统理论（Easton1965）、政策类型学（Lowi 16 1964）和因果关系漏斗模型（Hofferbert 1974）。一些早期理论研究路径已经失去了它们的作用，慢慢被遗忘，但有时也被吸纳到新的理论方法之中。一个持久的理论研究路径是倡导联盟框架（Advocacy Coalition Framework，ACF）。经过 30 多年的研究以及遍布全球的数百个应用，倡导联盟框架现在是研究政策过程最成熟的和应用最广泛的方法之一。本章简要概述了倡导联盟框架，包括其创建和基础，历史、最新贡献和定位，概述，重点理论领域，演化，应用范围以及推进政策过程知识的主要挑战和策略。

创建和基础

倡导联盟框架最初由保罗·萨巴蒂尔（Paul Sabatier）和汉克·詹金斯－史密斯在 20 世纪 80 年代开发出来（Jenkins-Smith 1982；Sabatier 1986，1988；Jenkins- Smith 1990；Sabatier and Jenkins-Smith 1993）。它源于对当时既有政策理论的不满，尤其是推进政策过程知识中的政策周期障碍的解释。该框架的灵感还来自制度分析和发展框架（Kister and Ostrom 1982），有关制度分析和发展的研究涉及政策学习以及科学和技术信息在政策过程中的作用（Heclo 1974；Weiss 1977；Mazur 1981），它认为，需要综合自下而上和自上而下的方式来实施，研究政策过程的最佳分析单位并不是政府机构或单一政策，而是政策子系统，政策子系统是一个专注于一个主题领域和地区的更大的政治和治理系统子集（Heclo 1978）。

自 20 世纪 80 年代以来，已有超过 250 份倡导联盟框架的应用以英文书籍或同行评议的英文文章形式公开出版，用其他语言出版的也有 100 多篇。应用倡导联盟框架的学位论文和其他论文的数量大概有数百篇。同行评议期刊中以倡导联盟框架为特色的特刊可以在《政策科学》（*Policy Sciences*）（Sabatier 1988）、《政策研究杂志》（Weible et al. 2011）、《行政和社会》（*Administration and Society*）（Scott 2012）以及《比较政策分析杂志》（Henry et al. 2014）中找到。倡导联盟框架的大部分应用在北美和西欧，但在世界其他地区的应用也日渐增长。总体而言，最初使用倡导联盟框架的研究涉及环境或能源问题，但是，时至今日，该框架的应用几乎均匀地分布在各个热门问题领域，包括健康、金融 / 经济、社会福利、灾害和危机管理以及教育（Weible et al. 2009）。

历史、最新贡献和定位

当它在 20 世纪 80 年代出现时，倡导联盟框架就试图提供一种替代从政策周期的角度来考虑政策过程的研究路径（Jones 1970；deLeon and Brewer 1983）。政策周期是对政策过程的线性或阶段性描述，表现为：议题成为政策议程上的问题；制定、采用和实施政策的回应；评估产出和结果；有时，该政策也会终止。政策周期的问题是：对政策过程的线性描述不准确，狭隘关注单一政策而非政策群，以及缺乏因果解释（Sabatier and Jenkins-Smith 1993）。与政策周期相比，倡导联盟框架提供了一个更混乱的政策过程图景，但这一政策过程图景更加真实，并且对研究而言更易于处理。

在倡导联盟框架出现 30 年后，许多主要关于政策过程的教科书仍然是按政策周期理论来编排的，这些教科书将理论强加于政策周期的一个或多个阶段，并将其不准确的线性框架作为政策过程的组织思想和研究的最佳方式。因此，正如 30 年前一样，倡导联盟框架一直在提供政策周期的替代方案。然而，与过去不同，倡导联盟框架不再是政策周期的少数替代方案之一（Sabatier 1999）。相反，倡导联盟框架是一大批构建政策过程知识领域的政策理论之一（Schlager and Weible 2013，2014）。在这个知识领域，倡导联盟框架与其他理论并没有竞争关系。相反，所有既有的理论被设想为一个理论工具箱，其中每一种理论都提供了一种不同的方法来帮助构建思维并指导对政策过程的探究。倡导联盟框架是这个理论工具箱中最成熟和适用的方法之一，它检验充满冲突和争议的政治并回答关于联盟、学习和政策变化的问题。

概　述

倡导联盟框架流程简图如图 2-1 所示。右边是政策子系统，列出了两个联盟以及它们的信念和资源。这些联盟发展并采用各种策略来影响政府的决策、治理子系统事务的规则和决策结果。政策子系统之外是相对稳定的参数，表示嵌入政策子系统的情境，以及外部子系统事件，这是政策子系统之外的常规特性，只是偶尔发生改变。介于相对稳定的参数和外部子系统事件之间的是长期机会联盟结构、政策子系统行动者的短期约束和资源，它们属于控制政策子系统外部影响因素在塑造内部子系统事务的中介因素类别。图 2-1 并不是要全面列出每个框的概念，而是简要描述概念类别以及它们在倡导联盟框架中的相关性。

理解和应用倡导联盟框架首先要理解其框架的七个基本假设（Jenkins-Smith et al., 2014a, 189–193）。

1. 政策子系统是理解政策过程的主要分析单位。[①]政策子系统是政府或政治系统的一个子单位，由一个问题、一个地理范围和经常试图影响政府决策的政策参与者组成。政策子系统是嵌套的、重叠的和半自治的（Sabatier 1998；Nohrstedt and Weible 2010；Jones and Jenkins-Smith 2009）。当次国家子系统嵌入到国家子系统中时，可能会产生嵌套政策子系统。当问题

18

19

---

① 原文为斜体，译成中文用黑体，全书同。——译者注

重叠时，重叠的政策子系统可能会发展，导致一个子系统中的行动和决策对另一个政策子系统产生影响。政策子系统也是半自治的，也就是说，采取行动和作出决定的权力有一定程度的独立性。政策子系统可以存在于任何级别的政府，它会出现和消失并与其他子系统发生冲突，有时也会被纳入其他系统。虽然政策子系统存在于每个稳定的国家，但它们在特定问题上将随其结构而变化。例如，某一特定问题的政策子系统可能只在一个国家的国家层面出现，但在另一个国家，却由地方层面的若干政策子系统来共同治理这一问题，也可能在其他国家就根本不存在。

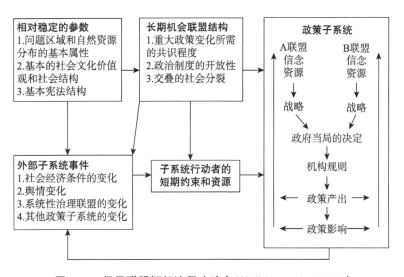

图 2-1　倡导联盟框架流程（改自 Weible et al., 2011）

2. 这组相关的子系统行动者包括任何经常试图影响子系统事务的人。政策子系统的出现是因为需要集中资源处理某一特定问题。寻求影响政策子系统的政策行动者可以包括但不限于来自任何级别的政府或政府机构的官员、来自非营利组织或私人组织的代表、来自学术界的专家、咨询公司和智囊团、与主流新闻媒体合作的记者和独立博主，以及没有任何正式组织关系的公民。在比较分析中，政策行动者的数量、强度和频率将因主题、地点和时间而异。在集权体系中，更多的国家级行动者可能是重要的政策行动者，而在分权体系中，对于同一主题，地方一级的政策行动者可能至关重要。

3. 个体具有有限的应对激励的能力，且受信念系统驱动，容易感受到"魔鬼转化"。 倡导联盟框架中的政策行动者被认为是有限理性的，即处理信息的认知能力有限（Simon 1957，1985）。他们通过认知过滤器来理解世界，从而导致在如何吸收信息上存在一些偏见（Munro and Ditto 1997；Munro et al. 2002）。主要的认知过滤器和行为驱动因素是政策行动者的信念系统。倡导联盟框架提供了一个三层信念系统。最普适的层面是深层的核心信念，即规范价值观和本体论原理。深层核心信念不是具体的政策，而是会贯穿整个政策子系统。深层核心信念极难改变。政策子系统的边界和重点就取决于政策核心信念。政策核心信念涉及政策子系统的领域和主题范围，可以是规范性和经验性的。而政策核心信念的例子是与政策子系统相关的基本问题定义、因果理解和政策立场。政策核心信念非常稳定，但较之于深层核心信念，它更容易发生变化。最具体的层面是次要信念。虽然政策核心信念承担了政策行动者的总体政策目标，但次要信念则涉及实现这些政策目标的手段。次要信念还可以包括集中在政策子系统的一小部分信念。次要信念最有可能发生变化，在某些情况下是谈判和妥协的重点。最后，倡导联盟框架中的政策行动者受到他们的信念的驱使，并更多地记住损失而不是收益（Quattrone and Tversky 1988），这创造了一种被称为"魔鬼转化"的精神状态（Sabatier et al. 1987）。魔鬼转化是一种人们将他们的对手看得比真实的他们

20

更强大和更恶毒的倾向。魔鬼转化是人们动员志同道合的盟友联合起来对抗共同对手的原因之一。

4. 通过将行动者聚合到一个或多个联盟来简化子系统。倡导联盟框架最适用于分析有争议的政治。在这种情况下，议题存在争议，行动者的信念和身份都受到威胁，反对者就政府是否和如何应对进行辩论。为了简化这一背景，倡导联盟框架指导研究人员根据联盟内政策核心信念的相似性（以及跨联盟的政策核心信念的差异）将政策行动者视为联盟成员。随后，探究联盟内部和联盟之间的信任程度和网络凝聚力、联盟内部和联盟之间学习相关的因素，以及描述和解释一个强大的联盟可能利用弱联盟或两个竞争性联盟的谈判协议中出现的政策变化。

21　　**5. 政策和计划包含了隐含的理论，反映了一个或多个联盟的信念转变。**公共政策的制定是政策行动者信念体系的演绎。这些演绎包含了对问题存在的原因以及政策解决方案如何影响该问题的因果理解的隐含理论。因此，公共政策不仅仅是政府在一个问题上所做或不做的事情，而且还是政策行动者信念体系的表达。这就是围绕政策问题会有有争议的政治出现的原因之一：公共政策内容与政策行动者的信念体系有关。

6. 科学和技术信息对于理解子系统事务非常重要。信念系统包含了世界的感知性因果模式。这些模式既来自政策行动者的日常经验，也来自科学和技术信息。因此，倡导联盟框架强调科学和技术信息在塑造信念体系和影响政治辩论中所扮演的角色。其论点不是政策行动者理性地利用这些信息进行学习和解决问题（有时也可能就是这种情况），而是政策行动者将科学和技术信息作为政治资源以试图影响政府。

7. 研究人员应采用长时段视角（例如，10 年或 10 年以

上）来理解政策过程及其变化。政策过程是不断发展的，今天的赢家往往是明天的输家。有时联盟之间的争论可以持续数十年；对联盟行为、学习和政策变化的解释只能通过了解过去的事件来予以理解。因此，研究政策过程的研究人员必须采取长时段视角，通常是 10 年或更长时间。这并不意味着应用倡导联盟框架的研究人员必须用 10 年的时间序列数据来分析特定情况，而是必须记住，准确描述和解释当下政策过程的部分需要追溯过去的事件和活动。

重点理论领域

倡导联盟框架有三个重点理论领域。附录 1 列出了从这些理论重点中得出的假设。

倡导联盟

22

倡导联盟由政策行动者定义，政策行动者具有类似的政策核心信念并以各种方式协调其行为，以影响政府决策。分析倡导联盟的学者倾向于关注一组共同的问题。这些代表性问题包括：为什么要形成联盟？联盟如何随着时间的推移而持续？联盟的信念和网络结构是什么？哪些资源和战略与联盟有关？随着时间的推移，联盟有多稳定？

研究表明，联盟形成的部分原因在于其共享信念，联盟成员有共同的网络联系。随着时间的推移，虽然联盟相对稳定，但并非没有一些成员背离或加入（Jenkins-Smith et al., 1991；Zafonte and Sabatier 2004；Weible 2005；Henry 2011；Ingold 2011；Leifeld 2013）。尽管有证据证明联盟的存在以及信念在形成联盟中的重要性，但关于政策核心信念或次要信念的相对重要性，已有复杂的证据。这些复杂的发现可以反映这两种信念类别不同的概念、不同的测量方法、不同的背景或错误的理论论点等。此外，共享信念并不是联盟形成中唯一重要的因素。其他因素包括利益、信任和资源也在起着作用。

越来越多地研究记录了政策行动者作为联盟成员、经纪人和企业家所扮演的不同角色。例如，扎丰（Zafonte）和萨巴蒂尔（Sabatier）（2004）以及韦布尔（2008）的两项研究区分了谁是联盟的核心成员和忠实成员，称为"主要"联盟行动者，而那些间歇性地参与联盟而不是核心的联盟成员，称为"辅助"联盟行动者。经纪人在学习和政策变化中也一直被认为是重要的。经纪人是具有某一组织关系的政策行动者，其优先事项是帮助政策行动者达成与对手之间的协议（Ingold and Varone 2012）。最后，政策企业家在联盟中也占有重要地位，这可能对领导联盟、促进联盟内部和跨联盟的学习以及制定政策变化很重要（Mintrom and Vergari 1996；Mintrom and Norman 2009）。

没有理由期望联盟在不同的政策子系统中具有类似的属性。对威权主义政体的研究表明，如果与政府相联系，联盟往往占主导地位，如果与政府相对立，联盟只能短暂存在（Scott 2012）。相对于美国那样的多元政治体系，在瑞典或瑞士这种具有强大共识规范的民主政治体系中，对立的联盟成员之间更有可能发生互动。在集权政治体系中，如法国和韩国，联盟很可能会包括强大的国家级政策行动者，其在采用政策方面发挥决定性作用。接下来的一个方向就是可以记录不同形式的政府间联盟的系统性差异。

政策导向学习

政策导向学习被定义为"由于经验而产生的思想或行为意

图的持久改变，这些改变与个人或集体信仰系统的规则实现或修订有关"（Sabatier and Jenkins-Smith 1993，42–56）。在分析政策导向学习过程中被提出的问题包括：联盟内部和联盟之间的学习程度如何？科学技术信息在学习中的作用是什么？信仰系统是如何通过学习而改变的？政策经纪人在学习中的作用是什么？

在倡导联盟框架的学习理论中，有几个因素预计会影响联盟内部和联盟之间的学习（Jenkins-Smith 1990；Weible 2008）。这些因素包括与对立联盟成员相互作用的决策论坛的规则结构。这些规则的例子包括开放程度和公平谈判的标准。除了决策论坛的属性外，倡导联盟框架还假定冲突的程度会影响学习。跨联盟的学习会因中等程度冲突而得到促进，而较高或较低水平的冲突会阻碍学习。由于不确定性加剧了理解的差异和基于信念的分歧，跨联盟学习也受到更多棘手问题的阻碍。最后，学习受到联盟成员属性的影响。与持温和信念的联盟成员相比，持极端信念的联盟成员向对手学习的可能性更小。

学习相关假设的研究得出了混合的结果。学习确实发生在联盟内部和联盟之间，但有时变化是改变政策核心信念和次要信念，而不仅仅是后者（Sabatier and Brasher 1993；Elliott and Schlaepfer 2001）。此外，中等程度冲突、问题的易处理性、24 可用的科学和技术信息也被证明有助于学习（Larsen et al.，2006；Meijerink 2005）。

政策变化

倡导联盟框架的一个主要重点是了解导致政策变化或稳定的因素。该框架区分了重大的和次要的政策变化。重大的政策变化是指政策子系统的方向或目标的改变，因为它们影响到联盟的政策核心和深层核心信念。次要的政策变化被定义为政策子系统次要方面的更改，例如为实现特定目标而设计的政策工具方法。在倡导联盟框架中有四种途径可以改变，这些途径通常以组合方式出现。

第一种是源自政策子系统外部的外部事件。这包括但不限于选举、社会经济条件的变化、公众舆论的变化以及危机或灾难。这些外部事件本身并不足以导致政策改变。这种情况里一定存在一个利用与该事件有关的机会的联盟，例如增强的公众注意力、政府议程的适宜转变和政治资源的重新分配发生。

第二种途径是政策子系统内发生的内部事件。这些内部事件通常与政策或政策子系统行动者相关，因而会与丑闻和政策失败相关。内部事件与外部事件的区别在于政策行动者会利用潜在的机会进行政策改变。

政策学习产生了第三条途径。当政策行动者改变他们对这个问题的信念时，学习可以导致政策的改变。这很可能发生在很长一段时间内，以便信息在子系统内的各个行动者之间积累和传播（Weiss 1977）。

政策改革的第四种途径是当反对联盟就一项公共政策达成协议时，往往是通过谈判达成的。这种情况最有可能在"伤害性僵局"出现的时候发生，即在反对派无法在其他地方影响政府，且认为现状不可接受的时候发生。

大量研究支持对特定途径进行单独评估（Bark 1993；Kübler 2001；Dudley and Richardson 1999）以及当这些路径导致联盟控制政策子系统发生变化时对其进行评估（Ellison 1998；Olson et al.，1999）。对挑战的理解在于，政策变化通常不是单一途径的结果，而是随着时间推移，一个过程中发生的一系列事件的组合。例如，政策变化的实例可能发生于对子系统内外的多个事件作出反应，联盟成员内部及他们之间从这些事件以及其他经验中学习，并在两个竞争性联盟之间谈判达成协议——所有这些可能需要十年或更长时间发生。

这些不同路径对政策变化的重要性也可能因嵌入政策子系统的治理体系的规模和形式而有所不同。例如，在像韩国这样经常举行全国选举的集权管理体制中，重大政策变化的事例将经常出现，且由中央政府变化所致。在分权体系中，如在美国所发现的那样，全国范围的选举可能对地方层面的政策子系统影响不大。

演　化

倡导联盟框架的优势在于可以不断演化以回应不断变化的环境以及进行实证研究。然而，从萨巴蒂尔（1988）开始直到詹金斯 – 史密斯等学者（2014a），倡导联盟框架的基本框架几乎保持不变，其假设、范围、基本类别概念以及概念之间一般关系的稳定性都表明了这一点。然而，倡导联盟框架内的理论重点已经随着时间的推移而演变（Jenkins-Smith et al. 2014a, 186–188）。这些变化包括修改和添加假设和概念，并澄清倡导联盟框架中的框架—理论区别。这种结构促进了理论方法的发展，因为它为指导长期的研究提供了固定的和基本的原理；但它也为学习、实验和调整提供了灵活性。

在过去的十年中，倡导联盟框架也越来越多地与其他理论结合使用。例如，埃尔金（Elgin）和韦布尔（2013）借用了政策分析能力的概念（Howlett 2009）来更好地理解联盟资源。海基拉（Heikkila）等（2014）从多种理论中借用概念，包括多源流方法，试图去描述一段时期的政策变化。詹金斯 – 史密斯等（2014b）和里普伯格（Ripberger, 2014）等将文化理论

26　纳入倡导联盟框架，作为一种手段去研究深层核心信念。 在众多学者中，亨利等学者（Henry 2011；Henry et al. 2010）探索了网络形成的不同原理，不仅包括信念还包括了资源依赖和社会资本理论。在我们看来，学者们在太多的案例中将他们自身局限于一个单一的框架或理论，而（潜在地）牺牲了更深层次的理解和可以从比较分析中拾得的理论进步。因此，越来越多的人倾向于将其他概念和理论纳入倡导联盟框架，以提供更好的方法来检验倡导联盟框架理论的准确性和发展有关政策过程的知识。

应用范围

与任何其他工具类似，相对于一些问题，倡导联盟框架对于另一些问题更有用。然而，正如工具可以在其预期用途之外使用一样，倡导联盟框架也可以如此。倡导联盟框架的主要范围是发展围绕公共政策问题有争议的政治知识。这种力量来自于它能够在有争议的政策问题上绘制政治图景，描述和解释联盟、学习和政策变化。该框架的稳健性在于其灵活性，它适用于政府系统和各种话题，它的基本结构也使经验学习具有普遍性。

迄今，在原有目的之外，倡导联盟框架已被有效地应用。例如，倡导联盟框架已被应用于更多合作情境中的组织层次分析。利奇（Leach）和萨巴蒂尔（2005）及利奇等人（2013）将倡导联盟框架应用于涉及水流域和水产养殖问题的多元利益相关者的伙伴关系。这些伙伴关系并不跨越整个子系统，而是表示子系统中的一个场所。这种从子系统到场所以及从对抗性设置到合作性设置的转变，是检验倡导联盟框架边界是否牢固的一种方法。与使用任何其他工具一样，在我们将其应用于超出其预期目的的范围之前，优势和劣势都是未知的。在这方面，我们希望看到倡导联盟框架超越其原有的应用边界，并被继续使用下去，但必须谨慎行事，并认识到其假设和推论可能需要调整（或根本不适用）。

主要挑战和知识推进

在获取关于某一特定背景的知识和总结可推广的经验教训之间找到适当的平衡，一直是（而且将越来越是）政策过程研究面临的根本性挑战。倡导联盟框架仍然是最成熟的平台之一，可以用于集体寻求跨地区、跨主题及跨时段的有争议的政策问题相关知识。在倡导联盟框架的挑战中，我们强调以下三个最需要关注的领域，并引导读者去阅读詹金斯 – 史密斯等人（2014a）的文章，以获取更广泛的知识。 27

首先，学者们常常认为信念系统特征是框架中开发的最好的部分。这种观察有一定的有效性。三层信念体系及其中的组成部分经过了多次检验，并获得了广泛的实证支持。然而，倡导联盟框架中的信念系统模型仍需要理论和概念上的提炼。一个挑战是更清楚地界定信念系统的不同层次之间的区别，特别是政策核心信念和次要信念之间的区别。另一个挑战是为信念系统的总体内容说明制定更好的指导方针。一个最有前景的领域是使用文化理论作为概念化和衡量深层核心信念的一种方法（Jenkins-Smith et al., 2014b；Ripberger et al., 2014）。文化理论不仅提供了衡量深层核心信念的通用方法，而且还将倡导联盟框架与互补的文化理论文献联系起来（Swedlow, 2014）。

第二个领域是推进政策导向学习的研究议程。在倡导联盟框架的原创性研究中，学习可能是最为棘手的概念。利奇等人

（2013）具有前景的研究以及海基拉和格拉克（2013）提出的概念区分了学习的过程及其产物。需要创新思维的一个领域是：学习是否总是与信念变化相一致，还是信念强化也可以被概念化为学习。第二个需要注意的领域是如何衡量不同数据收集方法的学习。

第三个领域是将子系统外部因素与子系统过程、产出和结果联系起来。政策子系统嵌入在更广泛的政治和治理系统之中。然而，在理解政策子系统在系统内部和系统之间如何变化时仍需十分注意。例如，自治程度、"嵌套"水平以及政策子系统的重叠将根据政府的形式而有所不同。目前，倡导联盟框架指导研究人员分析相对稳定的参数、外部事件和政治机会结构，这是应对这一挑战的一种方法，但可能还有其他方法，而进行这些联系的比较研究才刚刚开始（Gupta 2012，2014）。

28　倡导联盟框架所面临的这些挑战和可持续发展表明这一框架不断壮大和成熟。只要该框架继续为有兴趣且对具有争议的政治进行研究的研究者服务，倡导联盟框架的进步与发展就将继续下去。在可预见的未来，倡导联盟框架仍将是分析比较政策过程最成熟的工具之一。我们希望，它将提供一个完善的理论基础，政策分析人员能够从中理解并管理政策议题中有争议的政治知识。

附录 1　倡导联盟框架假设

联盟假设

假设 1：

当政策核心信念发生争议时，在政策子系统内的主要争议上，盟友和对手的阵容在 10 年左右的时间内都会趋于相对稳定的状态。

假设2：

尽管在次要方面的共识较少，倡导联盟中的行动者将在与政策核心相关的问题上表现出实质性的共识。

假设3：

一个行动者（或联盟）将放弃他（它的）信念系统的次要方面，然后才承认政策核心的弱点。

假设4：

在一个联盟中，与利益集团盟友相比，行政机构通常会持有更温和的立场。

假设5：

目的性群体中的行动者在信念和政策立场的表达方面比来自实质性群体的行动者更受限制。

学习假设

假设1：

当两个联盟之间存在中等程度的信息冲突时，跨越信念系统的政策导向学习最有可能发生。这要求（a）每个人都有参与这种辩论的技术资源，以及（b）冲突是在一个信念系统的次要方面与另一个信念系统的核心要素之间，或者是两个信念系统的重要的次要方面之间的冲突。

假设2：

当存在一个论坛，跨越信念系统的政策导向学习最有可能产生。该论坛（a）有足够的声望迫使来自不同联盟的专业人士参与并且（b）以专业规范为主导。

假设3：

与那些普遍认为是定性的、相当主观的或完全缺乏的数据和理论相比，存在公认的定量数据和理论的问题更有助于跨信念系统的政策导向学习。

假设 4：

涉及自然系统的问题比纯粹涉及社会或政治系统的问题更有利于跨信仰系统的政策导向学习，因为在前者中许多关键变量本身并不是那些积极战略家自身，而且这些受控的实验可行性更高。

假设 5：

即使技术信息的积累不会改变反对联盟的观点，但至少可以在短期内，通过改变政策经纪人的观点，对政策产生重要影响。

政策变化假设

假设 1：

子系统内外部的重大扰动、政策导向的学习、协商协议或其中的某种组合是政府计划的政策核心属性变化必要但不充分的条件。

假设 2：

30   只要在特定司法管辖区内实施政府计划的子系统倡导联盟仍然掌权，该管辖区的政府计划的政策核心属性将不会产生重大改变——除非更改是由等级化的上级管辖权强加而来。

参考文献

Bark, Richard. 1993. Managing technological change in federal communications policy: The role of industry advisory groups. In *Policy change and learning*, eds. P. Sabatier, and H. Jenkins-Smith, 129–146. Boulder: Westview Press.

Brewer, Garry D. and Peter deLeon. 1983. The foundations of policy analysis, Pacific Grove: Brooks/Cole.

Dudley, Geoffrey, and Jeremy Richardson. 1999. Competing advocacy coalitions and the process of 'frame reflection': A longitudinal analysis of EU steel policy. *Journal of European Public Policy* 6(2): 225–248.

Easton, David. 1965. *A framework for political analysis.* Chicago: The University of Chicago Press.

Elgin, Dallas, and Christopher M. Weible. 2013. Stakeholder analysis of Colorado climate and energy issues using policy analytical capacity and the advocacy coalition framework. *Review of Policy Research* 30(1): 116–134.

Elliott C. and Rodolphe Schlaepfer. 2001. The advocacy coalition framework: Application to the policy process for the development of forest certification in Sweden. *Journal of European Public Policy* 8(4): 642–661.

Ellison, Brian A. 1998. The ACF and Implementation of the Endangered Species Act: A case study in western water politics. *Policy Studies Journal* 26(1): 11–29.

Gupta, Kuhika. 2012. Comparative public policy: Using the comparative method to advance our understanding of the policy process. *Policy Studies Journal* 40(s1): 11–26.

Gupta, Kuhika. 2014. A comparative policy analysis of coalition strategies: Case studies of nuclear energy and forest management in India. *Journal of Comparative Policy Analysis* 16(4): 356–372.

Heclo, Hugh. 1974. *Social policy in Britain and Sweden.* New Haven: Yale University Press.

Heclo, Hugh. 1978. Issue networks and the executive establishment. In *The new American political system*, ed. A. King, 87–124. Washington, DC: American Enterprise Institute.

Heikkila, Tanya, and Andrea K. Gerlak. 2013. Building a conceptual approach to collective learning: Lessons for public policy scholars. *Policy Studies Journal* 40(3): 484–512.

Heikkila, Tanya, Jonathan J. Pierce, Samuel Gallaher, Jennifer Kagan, Deserai A. Crow, and Christopher M. Weible. 2014. Understanding a period of policy change: The case of hydraulic fracturing disclosure policy in Colorado. *Review of Policy Research* 31(2): 65–87.

Henry, Adam. 2011. Power, ideology, and policy network cohesion in regional planning. *Policy Studies Journal* 39(3): 361–383.

Henry, Adam Douglas, Mark Lubell, and Michael McCoy. 2010. Belief systems and social capital as drivers of policy network structure: The case of California regional planning. *Journal of Public Administration Research and Theory* 21(3): 419–444.

Henry, Adam, Karin Ingold, Daniel Nohrstedt, and Christopher M. Weible. 2014. Policy change in comparative contexts: Applying the advocacy coalition framework outside of Western Europe and North America. *Journal of Comparative Policy Analysis* 16(4): 299–312.

Hjern, Benny, and David Porter. 1981. Implementation structures: A new unit of administrative analysis. *Organization Studies* 2: 211–227.

Hofferbert, Richard I. 1974. *The study of public policy.* Indianapolis: Bobbs-Merrill.

Howlett, Michael. 2009. Policy analytical capacity and evidence-based policy-making: Lessons from Canada. *Canadian Public Administration* 52(2): 153–175.

Ingold, Karin. 2011. Network structures within policy processes: Coalitions, power, and brokerage in Swiss climate policy. *Policy Studies Journal* 39(3): 435–459.

Ingold, Karin, and Frederic Varone. 2012. Treating policy brokers seriously: Evidence from the climate policy. *Journal of Public Administration Research and Theory* 22(2): 319–346.

Jenkins-Smith, Hank. 1982. Professional roles for policy analysts: A critical assess-

31

ment. *Journal of Policy Analysis and Management* 2(1): 88–100.

Jenkins-Smith, Hank. 1990. *Democratic politics and policy analysis*. Pacific Grove: Brooks/Cole.

Jenkins-Smith, Hank, Gilbert St. Clair, and Brian Woods. 1991. Explaining change in policy subsystems: Analysis of coalition stability and defection over time. *American Journal of Political Science* 35(November): 851–872.

Jenkins-Smith, Hank C, Daniel Nohrstedt, Christopher M. Weible, and Paul A. Sabatier. 2014a. The advocacy coalition framework: Foundations, evolution, and ongoing research. In *Theories of the policy process*, ed. Paul A. Sabatier and Christopher M. Weible3rd ed. Boulder: Westview Press.

Jenkins-Smith, Hank C., Carol L. Silva, Kuhika Gupta, and Joseph T. Ripberger. 2014b. Belief system continuity and change in policy advocacy coalitions: Using cultural theory to specify belief systems, coalitions, and sources of change. *Policy Studies Journal* 42(4): 484–508.

Jones, Charles. 1970. *An introduction to the study of public policy*. Belmont: Wadsworth Publishing Company.

Jones, Michael, and Hank Jenkins-Smith. 2009. Trans-subsystem dynamics: Policy topography, mass opinion, and policy change. *Policy Studies Journal* 37(1): 37–58.

Kiser, Larry L., and Elinor Ostrom. 1982. The three worlds of action: A metatheoretical synthesis of institutional arrangements. In *Strategies of political inquiry*, ed. E. Ostrom, 179–222. Beverly Hills: Sage.

Kübler, Daniel. 2001. Understanding policy change with the advocacy coalition framework: An application to Swiss Drug Policy. *Journal of European Public Policy* 8(4): 623–641.

Larsen, Jakob Bjerg, Karsten Vrangbaek, and Janine M. Traulsen. 2006. Advocacy coalitions and pharmacy policy in Denmark. *Social Science and Medicine* 63(1): 212–224.

Lasswell, Harold. 1970. The emerging conception of the policy sciences. *Policy Sciences* 1(1): 3–14.

Leach, William D., and Paul A. Sabatier. 2005. To trust an adversary: Integrating rational and psychological models of collaborative policymaking. *American Political Science Review* 99(4): 491–503.

Leach, William D., Christopher M. Weible, Scott R. Vince, Saba N. Siddiki, and John Calanni. 2013. Fostering learning in collaborative partnerships: Evidence from marine aquaculture in the United States. *Journal of Public Administration Research and Theory*. 24(3): 591–622.

Leifeld, Philip. 2013. Reconceptualizing major policy change in the advocacy coalition framework: A discourse network analysis of German Pension Politics. *Policy Studies Journal* 41(1): 169–198.

Lowi, Theodore J. 1964. American Business, public policy, case studies, and political theory. *World Politics* 16(4): 677–715.

Mazmanian, Daniel, and Paul Sabatier. 1983. *Implementation and public policy*. Lanham: University Press of America.

Mazur, Allan. 1981. *The dynamics of technical controversy*. Washington, DC: Communications Press.

Meijerink, Sander. 2005. Understanding policy stability and change: The interplay of advocacy coalitions and epistemic communities, windows of opportunity, and Dutch Coastal Flooding Policy 1945–2003. *Journal of European Public Policy* 12(6): 1060–1077.

Mintrom, Michael, and Phillipa Norman. 2009. Policy Entrepreneurship and Policy Change. *Policy Studies Journal* 37(4): 649–667.

Mintrom, Michael, and Sandra Vergari. 1996. Advocacy coalitions, policy entrepreneurs, and policy change. *Policy Studies Journal* 24(Fall): 420–434.

Munro, Geoffrey D., and Peter H. Ditto. 1997. Biased assimilation, attitude polarization, and affect in reactions to stereotype-relevant scientific information. *Personality and Social Psychology Bulletin* 23(6): 636–653.

Munro, Geoffrey D., Peter H. Ditto, Lisa K. Lockhart, Angela Fagerlin, Mitchell Gready, and Elizabeth Peterson. 2002. Biased assimilation of sociopolitical arguments: Evaluating the 1996 U.S. Presidential debate. *Basic and Applied Social Psychology* 24(1): 15–26.

Nohrstedt, Daniel, and Christopher M. Weible. 2010. The logic of policy change after crisis: Proximity and subsystem interaction. *Risks, Hazards, and Crisis in Public Policy* 1(2): 1–32.

Olson, Richard Stuart, Robert A. Olson, and Vincent T. Grawronski. 1999. *Some buildings just can't dance: Politics, life safety, and disasters*. Standford: Jai Press.

Ripberger, Joseph T. Kuhika Gupta, Caral L. Silva, and Hank C. Jenkins-Smith. 2014. "Cultural theory and the measurement of deep core beliefs within the advocacy coalition framework." *Policy Studies Journal* 42(4): 509–527.

Quattrone, George A., and Amos Tversky. 1988. Contrasting rational and psychological analysis of political choice. *American Political Science Review* 82: 719–736.

Sabatier, Paul A. 1986. Top-down and bottom-up models of policy implementation: A critical analysis and suggested synthesis. *Journal of Public Policy* 6(January): 21–48.

Sabatier, Paul A. 1988. An advocacy coalition model of policy change and the role of policy-oriented learning therein. *Policy Sciences* 21(fall): 129–168.

Sabatier, Paul A. 1998. The advocacy coalition framework: Revisions and relevance for Europe. *Journal of European Public Policy* 5(March): 98–130.

Sabatier, Paul A. 1999. *Theories of the policy process*. Boulder, CO: Westview Press.

Sabatier, Paul A., and Anne M. Brasher. 1993. From vague consensus to clearly differentiated coalitions: Environmental policy at Lake Tahoe, 1964–1985. In *Policy change and learning*, eds. P. Sabatier, and H. Jenkins-Smith, 177–208. Boulder: WestviewPress.

Sabatier, Paul A., and Hank C. Jenkins-Smith. 1993. *Policy change and learning: An advocacy coalition approach*. Boulder: Westview Press.

Sabatier, Paul A., and Christopher M. Weible. 2014. *Theories of the policy process*. Boulder: Westview Press.

Sabatier, Paul A., Susan Hunter, and Susan McLaughlin. 1987. The devil shift: Perceptions and misperceptions of opponents. *Western Political Quarterly* 40: 51–73.

Schlager, Edella, and Christopher M. Weible. 2013. New theories of the policy process. *Policy Studies Journal* 41(3): 389–396.

Scott, Ian. 2012. Analyzing advocacy issues in Asia. *Administration & Society* 44(6s): 4–12.

Simon, Herbert A. 1957. *Models of man: Social and rational*. New York: Wiley.

33

Simon, Herbert A. 1985. Human nature in politics: The dialogue of psychology with political science. *American Political Science Review* 79(June): 293–304.

Simon, Herbert A. 2008. Expert-based information and policy subsystems: A review and synthesis. *Policy Studies Journal* 36(4): 615–635.

Swedlow, Brendon. 2014. Advancing policy theory with cultural theory: An introduction to the special issue. *Policy Studies Journal* 41(4): 465–483.

Weible, Christopher M. 2005. Beliefs and policy influence: An advocacy coalition approach to policy networks. *Political Research Quarterly* 58(3): 461–477.

Weible, Christopher M., Paul A. Sabatier, and Kelly McQueen. 2009. Themes and variations: Taking stock of the advocacy coalition framework. *Policy Studies Journal* 37(1): 121–140.

Weible, Christopher M., Paul A. Sabatier, Hank C. Jenkins-Smith, Daniel Nohrstedt, and Adam Douglas Henry. 2011. A quarter century of the advocacy coalition framework: An introduction to the special issue. *Policy Studies Journal* 39(3): 349–360.

Weiss, Carol. 1977. Research for policy's sake: The enlightenment function of social research. *Policy Analysis* 3(Fall): 531–545.

Zafonte, Matthew, and Paul A. Sabatier. 2004. Short-term versus long-term coalitions in the policy process: Automotive Pollution Control, 1963–1989. *The Policy Studies Journal* 32(1): 75–107.

34

第三章　公共政策的话语研究路径：政治、论辩和审议

安娜·杜诺娃　弗兰克·菲舍尔　菲利普·齐图恩

引　言

在过去的 20 年中，欧洲和美国都出现了所谓的话语范式，35以不同的视角来分析政策和理解政策过程。这种范式拒绝认可理性选择理论的主导地位，谴责这种为政策和在政策的基础上发展客观知识的幻想。它从哲学和社会科学的"语言学转向"中汲取灵感，并以建构主义视角来看待社会研究。以各种方式调动起来的这种"话语"研究路径特别关注行动者的主体性、这些行动者聚集起来的知识形式，特别是他们运用多重解释来构建意义。所有这些表达都试图理解意义是如何产生的，分析意义塑造行为和制度的过程，并确定这些意义演变的特定情境。

话语研究路径侧重于话语，它是理解行动者如何通过话语感36知和改变世界的关键。对于这些研究路径来说，将诸如"兴趣"、"想法"、"工具"，或者甚至"价值"之类的概念视为像物理科学解释物体运动客观性那样的自变量来解释政策过程是不可能的。话语范式将每个概念视为社会结构，这取决于行动者在政策过程中如何生产和使用政策的含义。这意味着定义问题和解决方案是

政策过程同一硬币的两面。

话语研究路径很复杂，具有很多面向。在这里，我们提出其中三个方面：政策是关于政治的论辩，论辩是一个改变主流客观主义的深刻认识论问题，论辩需要将解释和情绪重新纳入研究议程。

政治与论辩

自拉斯韦尔于 20 世纪 40 年代首次研究政策以来（Lasswell 1942，1951），分析政治和政体已成为政策研究中的主要问题。一方面，许多政策研究表明，政策概念应与政治概念区分开来。区分这两个概念使研究人员能够产生关于政策的"客观"知识，不会对这些知识产生怀疑，因此不能被指责为具有政治或价值导向。相当多的分析政策研究将"政治"当作妨碍通过认真考量而产生"客观"知识的一大问题。另一方面，政治问题始终存在于政治科学家的工作中。

通过否定可能产生关于政策的客观知识的观点（Lasswell 1971；Fischer and Forester 1993；Majone 1989），政策分析的论辩提供了新的见解，并挑战了作者之前提及的在政策和政治之间建立本体论区别这一观点。政策制定的政治过程主要寻求超越政策与政治之间的区别，并将政策制定视为通过信念、意义和论辩进行的基本政治活动（Zittoun 2013b）。从这个意义上说，政策过程研究首要的是政治话语研究。

为此，这种研究路径不仅将政策视为解决问题的方式，而且还将其视为通过政治行动者相互论辩来改变无序社会的一种方式。确切地说，政策使对系统有用且相关的政策变化合法。与弗伦德和阿伦特的政治定义相一致，政策制定的政治过程认

37

为政治活动是社会活动中有序和无序之间的"唯信仰辩证法"（Arendt 1958；Freund 1986）。这意味着政治活动总是被无法消除的混乱所滋养，而这种混乱是基于政治行动者对妄图强加于他们自身的命令的反对。因此，政治活动类似于有序和无序的持续地、矛盾地发展，犹如阴和阳，从对立中来相互补充。

为了理解政策制定是一种政治活动，政策制定的政治研究路径建议通过行动者的论辩策略来跟踪政策提议的过程（Gusfield 1981；Zittoun 2013a）。为了实现这一点，它使用了一个分析框架，结合了三种可以通过经验观察到的博弈。

第一个框架将论辩策略视为一种语言博弈（Wittgenstein 1958），通过将它们塑造成"解决方案"来对政策提议赋予意义。在西蒙（1945）的研究的基础上，林德布洛姆（Lindblom 1958，1965，1968，1979）强调了人类面对极端复杂的社会或经济问题时的有限思维能力以及所使用的主观理性，并据此提出了"策略"的概念，即强调使用随机认知和多重简化这些话语方式来解决这些未解决问题的重要性。这些策略允许论辩作为黏合剂来耦合问题和解决方案。虽然金登（1995）强调了在问题和解决方案之间"耦合"活动的重要性，但他未能融入意义和用于巩固耦合有效性的论辩策略的重要性。为了突破这个限制，我们希望将这些耦合活动视为一种语言博弈，在这种游戏中，行动者通过将不"自然"或毫无"逻辑"的不同概念联系起来来塑造意义，并使用论辩来分享这种新的联系（Latour 1990），通过这样做来建立一个新的现实。

政策提议的整个发展生涯必须通过与之相关的论辩策略来观察。在这些过程中，行动者不仅通过对它们命名，以及将它们与预期会引起的后果、它们必须解决的问题、它们必须受益的公众以及它们必须设计的未来联系起来，还需要着重论辩每个提议的可靠性。在论辩过程中，政策提议遭受到争论性的冲突，不同的行动者支持的提议解释是多元化的，并用论辩证明这些解释是合理的。此外，面对批评的回应，"行动中"的每一个定义和论辩都会转变为实用主义者所表明的观点（Zittoun，2009，2014）。

第二个框架将论辩策略视为使行动者之间达成共识和出现分歧的互动。语言博弈与博弈的支持者是分不开的。虽然公众可以看到大部分的问题处理过程，但有相当一部分的政策提议过程仅存在于为决策作出贡献的多个组织（官僚系统、机构、专家、公司、非营利组织等）的暗箱之中。根据组织研究（Crozier and Friedberg 1977），政策制定领域既是组织之间，又是不同部门、办公室、网络等之间发生多种冲突和矛盾化论辩策略之地。

在这个舞台上，所有集体行动，例如建立联盟以支持特定提议，都不是自然而然产生，或持有明显的或中立的立场的；相反，它总是困难重重、代价高昂，并且是由一些行动者的活动所产生，这些行动者同意付出代价来招募他人加入这个过程。因此，要理解一个政策提议的过程，还必须经验性地分析联盟建设核心的论辩策略，并掌握所有艰难的行动者所遇到的限制其工作的困境。从这个角度来看，必须考虑到的政策提议定义是：它是联合联盟成员的黏合剂；从不同的角度来看，联盟是一种手段，通过这种手段可以有说服力地加强赋予提议意义的不同耦合。

第三个框架认为论辩策略是一种权力活动，它将一种新的支配性论辩话语——或将一项旧的论辩话语合法化——强加到期望的有序系统和支持它的行动者联盟之上。第三种需要经验性观察的博弈是一种权力博弈，在这种博弈中，行动者不仅像在寻找沟通理性的话语论坛中那样交换论辩以说服和劝服对方（Habermas 1987），而且还试图通过论辩策略（如在冲突性场域）进行协商论辩、施加影响并赢得胜利（Jobert 1994）。

要理解权力冲突在政策过程中的重要性，我们必须考虑到，促进政策提议的话语不仅是关于如何解决问题的讨论，而且是关于谁能够合法地解决问题的讨论，更广泛地说，是关于这种论辩促进了哪种有秩序的社会和治理的对话。从这个意义上说，一项政策提议的成败，不仅应被视为联盟之间为了确定谁支配谁而进行的斗争，而且还应被视为一种有争议的斗争，它以不平等的方式来分配权力控制，以对有序社会的代表施加影响。

在这个有赢家和输家的冲突舞台上，联盟成员不仅制定具有攻击性的论辩策略来促成他们自己的提议，而且还制定防御性的策略来批评他们认为对其立场造成威胁的其他人的提议。批判性论点成为扼杀提议发展并阻止新的权力控制出现的武器。论辩策略的成败必须考虑到政治体系中联盟的不平等地位（Bourdieu 1990），以及成功或失败如何有助于塑造或改变这些不平等的立场。

基于这些启发性区别，政策制定的政治分析提出将研究者的研究方向定位于重建交流互动的具体情境，通过它，可以经验性地讨论、批判和传播政策提议。凭借实证研究，研究人员可以通过识别政策提议的意义是如何转变的来描述它的整个发展过程。通过关注这些论辩观点，研究人员可以更好地理解政策制定过程及其高度的"政治"特征。

政策话语和论辩：认识论基础

尤尔根·哈贝马斯（Jürgen Habermas）、米歇尔·福柯（Michel Foucault）、路德维希·维特根斯坦（Ludwig Wittgenstein）和约翰·奥斯汀（John Austin）的著作指出，话语研究路径不仅将话语定义为一种命名事物的工具，而且还将其作为一种手段来勾勒问题并据此制定或修改公共政策的策略（Foucault 1971；Habermas 1987；Wittgenstein，2003）。话语也被视为行动者彼此互动的手段，无论这种互动是出于冲突还是寻求共识。从这个角度来看，通过研究话语发生的多种社会实践——例如争论，表达信念、处理分析、定义术语、试图说服、谈判或反驳——话语研究路径不仅提供了不同的方式来理解政策制定和改变的过程，而且也提供了在公共行动前景下调查权力、合法性和治理问题的不同方法。

40 　　如果所有的话语研究路径都聚焦于知识在行动中的各种方式，而排斥中性知识的观点，那么，我们仍然可以在这种话语范式中区分不同的方法。将政策过程理解为政治议程是这种范式的核心，我们建议通过政策制定过程中发生的定义上的和论辩性斗争来把握政治层面。因此，让我们回到这一范式在政策研究中浮现的初始过程，并继续在话语范式内更准确地介绍两个新近方向。

　　第一个方向是关注政策分析中的论辩方法。在这种方法中，目标是通过阐明竞争性政策话语的社会和政治含义以及从中得出的论据来促进政策审议。尽管在解释政策过程中的知识生产和分析审议方式方面作出了重要贡献，但论辩方法在一定程度上低估了情绪对公共政策分析的潜力。因此，话语研究路径的第二个方向是将情绪作为解释知识生产的分析技能，它会表现出与特定政策相关的恐惧、希望或同情的话语部分，以及使用这些评价性判断来赋予行动者权力去参与政策过程。

指向公共政策分析及其中的批判立场初现

　　为了描述话语研究路径的背景和实质目标，我们首先参考启发它们的关键研究，以及该领域的早期作品。相较于编写一份冗长且必然不完整的作品目录，我们更专注于两个主要的影响，这些影响直接启发了声称首批采用话语研究路径的学者，即尤尔根·哈贝马斯和米歇尔·福柯。这种选择并非偶然。通过对技术理性的批判和提出交往理性概念，哈贝马斯的交往行为理论奠定了话语研究路径的基础。一方面，话语研究路径接受了哈贝马斯对科学技术中理性运用的批判，他认为其主要根植于意识形态知识和党派性，而不是客观的和非政治性的知识。在这种情况下，话语研究路径建议将相同的批判方式应用于公共政策的分析，以便更好地突出权力和价值观的相互作用，这在事实上允许隐藏的规范性显现出来。另一方面，话语研究路径运用哈贝马斯的交往理性概念来说明行动者之间的具体话语性互 41 动作为话语和意义产生场所的重要性。这一概念对于政策审议的各种工作至关重要，重点是分析行动者之间达成相互理解的过程（Dryzek 2001；Fishkin 1991；Fischer and Forester 1993；Fung and Wright 2003；Gottweis 2003；Hajer and Wagenaar 2003）。

这种影响也可见于米歇尔·福柯的著作之中。与哈贝马斯的著作一样，无论是《事物的秩序》（*The Order of Thing*）、《规训与惩罚》（*Discipline and Punish*），还是《临床医学的诞生》（*Birth of the Clinic*），他的著作在话语研究路径中无疑是被引用次数最多的（Foucault 1966；1971；1975）。福柯对话语作为产生知识和权力的场所作用的反思已经以各种方式得到了应用，尽管我们现在发现了被称为"福柯式政策分析"的方法，但是，利用福柯的理论来进行的公共政策分析几乎各不相同。如果在福柯对话语研究路径的影响中存在着某种同质性，那么，这将以这样一种方式来表现：福柯促进了对话语作为达成妥协——偶然的和附带的——的重要场所的理解，这种场所可以在正常和病态、真实和虚假、允许和禁止之间，通过理性与疯癫之间微妙的界限来触及。他强调了这些话语不仅包含而且允许的权力形式。对福柯来说，"话语"不仅是转变斗争和支配体系的话语，而且也是我们为之奋斗并通过它来寻求成就我们的权力话语。在他的研究基础上，研究者们不仅探讨了话语的产生和使用，而且还识别了话语的掌握、策划、传播和排斥的方式，这些都是权力问题得以发挥的实例。

伴随着哈贝马斯主义和福柯主义这一脉思想，政治学家从20世纪80年代末开始着手解决公共政策中的话语问题。他们利用一般社会科学领域的语言学转向，并配备了上述分析框架，试图将话语应用于政策的制定、实施和评估。此外，话语视角对政策分析本身的性质、它所做的和可能影响政策制定过程的方式展开了一系列反思。现在，我们将回顾几位作者的工作，他们在这一理论输入过程中扮演了重要的角色，并因此开启了话语研究路径。这些概述不是排他的，而是希望为遵循此种政策分析方法的各种工作提供某种导向。

在20世纪70年代后期到80年代初，马丁·雷因（Martin Rein）（1976）、弗兰克·菲舍尔（1980）、约翰·弗雷斯特（John Forester）（1985）、哈林（Hallin）（1985）、道格拉斯·托格森（Douglas Torgerson）（1986）和查尔斯·林德布洛姆（1979）第一次公开进行政策分析方法的辩论。随后，如黛博拉·斯通（Deborah Stone）（1988）、詹多梅尼科·马乔内（Giandomenico Majone）（1989）、马丁·海耶（Maarten Hajer）（1993）和德沃拉·亚诺（Dvora Yanow）（1993）也对其进行了辩论。在他们的研究中，所有这些作者都认为不可能客观和理性地分析公共政策；他们进一步说明，所有政策首要的都是结合了价值观、工具和后果等异质因素的话语结构。因此，这些作者建议在公共政策的分析中，应该研究行动者带有分析特征的产出以及他们对论据的使用，而不是理性。相较于寻找公共政策的客观"含义"，斯通和马乔内建议研究行动者如何解释政策以及这些行动者为了影响政策工具的选择而进行的诠释性斗争。例如，他们研究了关于可行性的争论如何通过施加限制来界定可能性领域。

1993 年，弗兰克·菲舍尔和约翰·弗雷斯特编辑了《政策分析与规划中的论辩性转向》(*The Argumentative Turn in Policy Analysis and Planning*)，该书首次汇集了十几位作者的作品(Fischer and Forester 1993)。结果，至今还在独立工作的研究人员终于能够参与到真正的集体努力之中来。这卷书探索各种问题，例如美国的智囊团、英国的酸雨、俄勒冈州的医疗保健改革以及芝加哥的电力政策，作者们揭示了由政策行动者所产生的知识的结构性、规范性和政治性本质，及其行为对公共政策制定和执行的重大影响。通过阐明所有分析性产出的相对性和政治性质，这些作者认为公共政策分析不应再局限于强调某些政策的非理性，而应重新建立政治中心舞台(另见Jobert and Muller 1987)。在整个 90 年代，聚焦公共政策中话语问题的出版物数量持续增加。马丁·海耶(Maarten Hajer)关于环境政策话语联盟之间的斗争的研究(Hajer 1993)简要概述了话语问题，德沃拉·亚诺(Dvora Yanow)(1993)以新方法使得研究人员能够更好地说明多种问题释义和公共行动类别，史蒂文·格里格斯(Steven Griggs)和戴维·霍华斯(David Howarth)关于航空政策的研究(Griggs and Howarth 2004)，赫伯特·戈特威斯(Herbert Gottweis)对生物技术政策的研究(Gottweis 1998)，马克·贝维尔(Mark Bevir)和 43罗德·罗德斯(Rod Rhodes)关于治理的叙事和政府的日常活动的研究(Bevir and Rhodes 2010)，以及薇薇安·施密特

（Vivien Schmidt）对话语制度主义的论述（Schmidt 2008）。

为了将政策过程研究中的这种千差万别和混杂的转变放入语境化的情境，让我们把重点放在两项指导原则上，这两项指导原则将使我们能够更好地说明这种研究路径的价值，即在其他政策过程研究路径的背景下，把话语放在其分析的核心。

首要的是，这些作品的基础是一种方法，在这种方法中，话语不仅仅是对行动者称之为"现实，简化为仅仅是解释问题"的反映，而且也是他们塑造这一现实的手段。因此，语言不仅是实现互动的工具，也是权力工具（Fischer 2003；Hajer 1993）。可以观察到，话语实践更有趣，因为它们不仅允许我们描述某些立场，而且还可以重新定义它们。改变一个人的立场、说服某些群体、排除他人、定义合法权威和建立支配群体，这些都是在政治舞台上立场分配的一部分。

从建构主义知识理论、维特根斯坦（Wittgenstein 1960）的"语言游戏"（Sprachspiele）和奥斯汀的言语行为中汲取灵感，十位使用话语研究路径的作者强调了行动者必须用来理解现实的局部的和片面的认知框架以及这些框架转变现实的方式。当应用于公共问题时，可以在许多公共政策分析中观察到这个第一指导原则——而不仅仅只在那些采用话语研究路径的人的研究中才会出现。从哈罗德·拉斯韦尔（1971）及查尔斯·琼斯（Charles Jones）、彼得·巴赫拉赫（Peter Bachrach）和莫顿·巴拉兹（Morton Baratz）（1963），到当代作家，如弗兰克·鲍姆加特纳（Frank Baumgartner）（Jones and Baumgartner 2005）、韦恩·帕森斯（Wayne Parsons）（2003）和雷纳特·梅恩茨（Renate Mayntz）（1993），人们普遍认为，一个议题列入政治议程的可能性与其内在或客观价值无关，而与政策"行动者定义、促进和将其转变为严肃的公共问题的能力有关。因此，通过话语的视角进行分析，通过观察使其成为公共议题的条件，使情境问题化和政治化成为可能"。因此，议题的话语政治化取决于竞争的社会群体赋予它们的意义。这尤其取决于如何利用话语整合问题理由的能力，这些理由可以对问题负责并号召当局去解决问题。

如果采用话语研究路径的专家们在具有悠久传统的、关注　44
社会问题的社会学领域中工作，那么他们的主要贡献就是证明该指导原则可以很容易地应用于政策解决方案和政策问题的识别。正如斯通所建议的那样，"解决方案"并非能够客观地确定其含义和动态的中立工具，它实际上是行动者和团体将意义、价值、后果和能力归因于解决问题的结构。

这些研究的第二个指导原则是话语只能通过它们所嵌入的社会实践来理解。虽然话语的概念包含了思想、表象、知识形式、价值观、信念和规范，但它也将这些要素与说话的个体紧密联系在一起。因此，话语实践总是被反向地理解为一种互动，其中许多要素是同时发挥作用的：内容，还有意图、身份、地位和权力的交换。在这方面，哈罗德·加芬克尔（Harold Garfinkel）凭借这种遵循实用主义传统的方法，超越了约翰·杜威（John Dewey）和乔治·H. 米德（George H. Mead）；它的拥护者们也因此将自己定位为实践知识的理论家。根据这一理论，社会实践不仅可以作为思想的反映，还可以帮助塑造和转化思想。①

---

① 因此，这些作者专注于具体的话语实践，如辩论、说服、谈判、定罪、定义、比较和禁令。这些社会实践始终涉及具有特定意图和话语的行为体，以及与其他行为个体互动的行动主体，并针对这些行动主体检验这些话语和意图。一般来说，研究人员将意图与效果区分开来，以说明意图绝不意味着效果，事实上甚至可以产生意料之外的结果。这就是奥斯汀所说的话语的言外和言后效应。虽然意图往往是为了达成一致和同意，但产生的效果却可能是漠不关心或反对。

大量的研究提出了一个不同的议程，侧重于政策过程的不同方面，从而坚持我们所概述的指导性认识论原则。我们想继续强调的是，在过去十年中塑造政策过程研究话语研究路径的两个特定研究倾向包括：从 90 年代早期的初始形式中脱胎而生的论辩性转向和通过情绪视角来研究政策过程。两者都对政策制定的"政治"方式作出了回应，揭示了我们在反思之初阐释的权力紧张关系。

论辩性转向 ①

45　　在早期对传统政策分析批评的基础上，美国和欧洲新兴的"后实证主义者"开始提出更深层次的认识论问题，即标准社会科学方法作为处理政策制定方式的适当性。最初，借鉴哈贝马斯（1973）、图尔明（Toulmin）（1958）和斯克里文（Scriven）（1987）以及后来福柯（1971）所做的工作，"论辩性转向聚焦于决策者以日常语言和争论为媒介的话语交流和工作的事实"（Fischer 2015）。如果经验科学无法为政策制定的现实世界提供有用的知识和命题性知识，那么在这种观点中，政策分析可能转向改善论辩的任务。因此，它涉及转向在公共政策领域占主导地位的普通的、非科学的知识（Lindblom and Cohen 1978；Fischer 1993）。

　　弗雷斯特和菲舍尔（Forester and Fischer 1993）的早期工作提出了一种新的观点，从一开始就脱离政策分析固有的解决问题的主流经验方法。从根本上说，它通过引入语言和论辩作为政策研究的基本要素来做到这一点。作为另一种取向，"论

---

　　① 本文的这一部分借鉴了菲舍尔（Fischer 2015）的《批判性政策研究手册》。

辩性转向"将后实证主义认识论的发展与批判的政治和社会理论相结合，努力提供一种与社会相关的政策方法论。一开始，该视角强调了实践论辩、政策判断性修辞分析、框架分析和叙事故事情节（Gottweis 2006）。论辩性政策分析在 20 世纪 90 年代上半叶逐渐成熟，并发展成为政策研究的重要方向。正如彼得斯（Peters 2004）所言，政策的论辩性方法已经演变成一个具有竞争性的理论竞争者。

　　自 20 世纪 90 年代初以来，论辩性研究路径已扩展到话语分析、审议和协商民主、共识会议和公民陪审团、参与性技能和地方知识领域。它们的焦点都在于唤起对交流和论辩的注意。最重要的是，该研究路径拒绝了政策分析可以成为价值中立的技术项目的观点（Fischer and Gottweis 2012：2）。正如菲舍尔和戈特威斯所述的，"新实证主义研究路径通常采用技术导向的理性方法制定政策——试图为政策制定的主要问题提供明确、价值中立的答案——论辩性方法拒绝了政策分析可以直接应用科学技术的观点"。它不是"狭隘地关注投入和产出的经验测量，而是将政策论辩作为分析的起点"。[①]绝不否认经验分析的作用，"论辩转向试图理解经验论与规范论之间的关系，因为它们在政策论辩过程中得以成型"。因此，它"关注经验 46

---

① 与所有概念一样，"实证主义"和"新后现代主义"的概念也有其局限性。然而，这些概念在社会科学的认识论讨论中有着悠久的传统。使用"新实证主义"一词是为了承认在"实证主义"传统中有一些改革，这些改革认识到早期的方法概念的局限性，这些方法被认为是指追求一种经验主义的、价值中立的、因果关系的社会科学。也就是说，没有一种新实证主义的方法。这一术语被用作一个一般概念，用来表示一种方向，即继续努力寻求经验主义上严格的因果解释，这种解释可以超越它们所适用的社会背景，但需认识到实现这种解释所遇到的困难。新实证主义政策分析专家（例如萨巴蒂尔）通常认为，虽然政策研究不可能完全理性或价值中立，但分析应该是他们应该努力追求的标准。关于这些辩论的普遍参考资料，见霍克斯沃思（Hawkesworth）（1988）和费舍尔（2009）的研究。

性和规范性陈述的有效性，但超越了传统的经验性重点，而是研究了它们在政治过程中进行结合和被运用的方式"。

对于诸如政策分析等应用领域而言，转向论辩具有特别重要的意义。只要该学科旨在为现实世界政策制定者提供支撑，政策分析就需要与他们相关。因此，该研究路径分析政策，是试图说明政策论辩的日常语言过程，特别反映在政治家、公民和政策专家的审议之中（Lindblom and Cohen 1978）。政策分析不是将理论方案强加于政策论辩的过程，而是将论辩作为分析的单位。它"拒绝了政策研究中许多方法所依据的'理性'假设，而将理解人类行为视为中介手段并将其嵌入象征性的、丰富的社会和文化背景之中"（Fischer and Gottweis 2012）。

这种论辩研究路径认识到，政策是由沟通过程构成和居中 47 介导的，它首先尝试以自己的方式评估这两个政策的制定，然后再在竞争性理论观点的背景下探索政策。照此，该研究路径需要重新建构分析人员在执行时做了哪些事情，并掌握研究结果的传达方式以及它们怎样被理解和分析人员怎样对目标人员解释。这需要密切关注那些为政策政治而奋斗的人的政策论辩的社会性建构。尽管政策论辩在理论上不必是批判性的，但对政治和权力斗争的关注需要批判性的观点。我们可以通过考察政策论辩的程度来阐述批判性政策分析的特征（Fischer 1995）。

作为批判性研究路径的论辩性转向

批判性政策分析的典型特征是对照更高层次的规范和价值来评估标准技术经验政策发现。这种方法要求将政策论辩提交到更高层次进行规范性批评。可以通过概述政策论辩的逻辑来开始阐明此任务。批判性政策分析的基本目标是对照更高层次的规范和价值来评估标准技术经验政策发现。这种研究路径要求必须将政策论辩提交给更高层次的规范性批评。为了阐明这一任务，我们可以首先概述政策论辩的基本逻辑。

政策论辩可以被定义为被一条"论辩线"连接的规范性解释和经验性发现的复杂混合体（Majone 1989：63）。由于主流政策分析通常侧重于实证数据的统计分析，而批判研究路径的任务是反身性审议。"反身意味着不仅要关注问题和旨在解决这些问题的决策，而且要检验它们所依据的规范性假设"（Fischer 2015）。目的是探索和确定"论辩线"所汇集的全部要素。这包括"经验数据、规范性假设、构成我们对社会世界理解的结构、数据收集过程中涉及的解释性判断、情境化语境的特定环境（在这种情境中产生发现或在这种情境中适用的解决方法），以及具体结论"（Fischer 2003：191）。除了技术上的考虑，政策结论的可接受性取决于所有的相互联系，包括从即将进行的评估中扣除默认因素。经验分析人员认为他们的实证分析重点更为严格，因而优于经验较少、更加以规范为基础的方法。尽管这种观点非常普遍，但"这种批判性政策论辩模式实际上使任务更加艰巨和复杂"。政策研究者"仍在收集数据，但现在将它们置于或囊括在赋予它们意义的解释框架之中"（Fischer 2003：191）。

在《评估公共政策》（*Evaluating Public Policy*）一书中，（Fischer 1995；同时参见 Fischer 2012），费舍尔提供了一种多方法学方案，用于整合这些伴随着案例说明的评估层次。在图尔明的非正式论辩逻辑的推动下，该方法框架提供一个四级审议逻辑，将评估从有关项目效率或有效性的具体问题，转移到通过与项目相关的情境化语境来评估政策计划的意义对社会体系的影响上，并随后评估政策对特定生活方式影响的规范性

48

考量和价值。更具体地说，审议逻辑的范围从政策计划是否有效、是否与将要应用的情况相关，以及对依据基本价值和做与不做的规范理念这个系统的批判而言，它如何与现有社会安排的结构和过程相联系（Fischer 1995，2003）。从哈贝马斯的角度来看，这样的批判是由人类研究中固有的"解放的兴趣"驱动的。它是对情境、社会制度和规范理念的审议的延伸，并藉此定义了政策批判研究。

这些层次上的讨论为批判性政策分析人员提供了一种方法来组织分析者和参与者之间的辩证交流。许多有权势的政策制定者不会对参与这样的审议感兴趣，以此来规避因暴露他们的意识形态信念而受到批评的风险。然而，这并没有使这种方法变得无关紧要。批判性政策分析的提出是为了服务于更广大的公众，超越直接的利益相关者和决策者。在这方面，它可以被当作一种探索对立论点的方式，从而使其他各方进入一场审议的斗争，以制定更好的论点，这既提高了交际互动的质量，又在此过程中增加了获得更合法和有效结果的可能性。

这种方法产出的良好政策建议不仅取决于事实证据，还取决于建立有助于形成共识的理解。因此，"最好的决策通常不是最有效的决策"。相反，"在所有分歧已被话语化解或安抚，至少足以在特定情况下被接受之前，可以推迟决策"。虽然，这可能决策效率不高，但"这样的决策更有可能在政治上可用并因此得以实施"。如果不能消除的话，只要审议可以减少那些本来会试图阻止决策的人的反向反应，它也可以起到团结政治团体的作用。这种审议所产生的信任可以推动未来的政策决策。

政策论点本身不应被视为客观类别，而是一个政治协商的社会建构。我们可以将政策知识理解为经验和规范要素的"混合"态融合（Jasanoff 2006；Fischer 2009）。政策声明不仅仅

49

是效率问题，而且也基本上是关于为什么以及如何实施行动方针的规范性结构。在施拉姆（Schram）和尼瑟（Neisser）（1997）看来，一项政策也直接或间接地传达了对其所属社会的更深层次的叙述理解。这点在英格拉姆和施耐德对政策目标人群的社会建构检验中得到了验证。具体而言，它们描述了这种建构的方式——例如，应得和不配接受公共资金的个体身份——通常由政治行动者操纵以获得选举优势。

从情绪的角度探讨政策过程

一个相对普通的问题，例如双方联合起来支持和反对捷克共和国布尔诺市修建一个新的要塞火车站，引起了争端双方使用了高度情绪化的语言。尽管布尔诺市在远离市中心的地方修建新火车站已取得进展，但一个由活动人士和独立专家组成的民间团体一直在争取对当前地点进行更换。对这种高度情绪化的语言的分析表明，争端双方都声称对方"不理性"，或者不足以将这一主张摆上政治桌面（见 Durnová 2013a）。然而，这种情绪化的局面并不是双方预想的结果，经过长时间的谈判，由于双方都被对方挫败而变得愤怒，导致谈判破裂。相反，从火车站规划过程一开始，这种情绪状况就完全代表了双方的互动和应对方式。

这个例子只是情绪被经常认为是出问题的**"罪魁祸首"**（corpora delicti）中的一个，但是这种共同的刻板印象并不能为我们展现情绪在政策过程中的作用的全貌。尽管传统的政策 50 分析研究路径已经建立了设计政策的"理性化"工具（参见如 Clemons and McBeth 2001；Jann and Wegrich 2003；Schubert and Bandelow 2003），并且主要将政策过程描述为理性行动的序列，按照因果关系一个行动接一个行动，其他政策过程

研究路径，尤其是社会运动研究（Goodwin 2001；Jasper 2006,
2011），对社会政策中的情绪进行社会心理理论化（Barnes 2008；
Stenner and Taylor 2008[①]）以及对政策实践者的工作进行多方面分
析（Newman 2012；Sullivan and Skelcher 2002）等方面都表明，
理性与情绪之间的分离是虚幻的。这些研究认为，对知识生产
的情绪进行描述对于政策制定而言非常典型，因为情绪和行动
者的目标追求相关。

这些相当独立的思想理念提供了第一个线索，可以用于政
策过程中彻底地考察情绪的作用。照此，它们可以被整合到话
语范式中，因为它们提出了情绪的语境解释，并从文化和实践
的角度研究情绪［也可参见艾哈迈德（Ahmed）（2004）和古尔
德（Gould）（2009）的情绪概念］。通过情绪视角对政策过程进
行的研究不支持这样的观点：情绪不会伤害行动，不会导致谈判
破裂，不会使决策复杂化。它寻求超越这种对情绪作用的规范性
评估，并解释为什么特定的情绪在特定的政策形势下会出现或表
达，而其他情绪可能在其他地方表达。情绪进入了政策过程的各
个阶段：它们影响决策提出时所依据的知识，影响我们对参与决
策的行动者的看法，并最终影响这些决策向公众展示的方式。

总之，我们可以区分对政策过程中情绪的两种关注，这些
研究通过话语范式对政策过程进行分析。一方面，情绪进入政
策过程，成为与特定政策议题相关的恐惧、希望或同情的话语
部分。这一方面主要存在于对妇女问题分析的调查之中，主要
包括（如 Ahmed 2004；Fonow and Cook 1991；Martin 2001）
对特定疾病引起的健康、风险和边缘化的考虑和分析（Durnová
2013b；Gottweis 2007；Gould 2009；Orsini and Wiebe 2014）。

---

① 原书为 2003，经查，疑为 2008。——译者注

另一方面，情绪指的是行动者有权参与或被视为与特定议题政策协商相关的评价性判断。有些学者在政策规划领域对这方面进行了研究（参见，如 Sullivan and Skelcher 2002），同时，关于政策工作者战略的研究也对这方面有所贡献（Newman 2012）。 51

　　政策过程的情绪研究路径超越了特定政策议题的特征，并试图质疑传统上被界定为"理性"的政策过程的性质。为了突出这种理性概念的局限性，这种方法将分析注意力转向如何通过分析和思考政策来将其进行分类上。在这方面，这种研究路径建立在论辩性转向的一些前提之上，可以看到，论辩性转向为这种研究提供了实质性的基础，为分析论点和行动者的互动提供了依据。然而，情绪研究路径认为，论辩性转向倾向于把论点和话语本身看作一种理性化的结构，犹如我们可以把一个论点看成一种纯粹的情绪一样（Durnová 2015）。

　　确实，情绪和话语都向我们揭示了知识的个体部分（例如，瞬间、感受和观点）与其集体效用（文化背景、习惯、惯例）之间的紧张关系。因此，我们可以从分析上将情绪看作向我们揭示价值优先顺序的元素。其中一个例子是拉尔斯·拉森（Lars Larsen）（2010）的禁烟令研究。他在研究中指出，不能用吸烟不健康这一简单的事实来解释世界各地禁烟令接连出台这一决定性时刻，尽管这一科学证据已经在公共辩论中流传了20多年。他认为，将这一问题视为对工作者的潜在威胁，最终会将这一科学证据与公共场所禁令的理念融合在一起。然而，情绪在政策过程分析中的作用是至关重要的。在指出顾客吸烟对酒吧里的"贫穷"工人造成"难以启齿的"境况时，一些情绪就会发生，因为他们在工作时无法逃避吸烟的环境，这意味着拒绝为这些人提供卫生的工作环境将会更加"难以启齿"。拉森并没有通过情绪来勾勒这些时刻，但他所用的论据唤起了羞愧的情绪，吸烟作为威胁的意义变得比吸烟作为自由的意义更为重要，这使得支持禁烟的话语发挥了更为重要的作用。

由于价值观是通过政策过程集体决定并发挥效用的，个人经验与其集体理解之间的紧张关系和存在同样紧张关系的合法参与各自政策谈判的行动者的情况一致。从这个意义上说，情绪阐明了为什么一些价值观被优先考虑，并揭示了行动者之间的社会关系，特别是为什么一些价值观被定性为值得信赖，而另一些价值观被定性为令人不安。回到最初关于火车站位置争议的例子，我们可以看到，行动者通过"公民参与"和"政治"两种不同的价值观分享方式聚集在各自的群体中。围绕着一直倡导火车站搬迁的公职人员群体，他们依靠有效的决策、对政治家的信任以及公民参与的限制性观念，通过"现代性"的叙事来解释这一搬迁。抗议团体的特点则是相反的：留在目前的地点被视为一种谨慎对待环境和公民的尝试，由于后者被视为该地点的主要使用者，因此被定为拟议政策的主要使用者。

出于这些原因，情绪研究路径的兴趣点在于个体与情绪体验的集体维度之间的紧张关系，这种紧张关系在知识的产生方式和知识的相关性方面得到了反映。这使我们能够反思政策过程的设计方式，为什么以特定的方式设计政策过程，除此之外，使我们能够质疑政策过程明确宣称的似乎可以站得住脚的"理性"依据。

总　结

本章一方面旨在总结自 20 世纪 70 年代以来一直挑战政治实证主义方法的政策制定话语研究路径中的思想主流。它强调了剖析政策和政策分析的政治含义（"政治方法"）的极端重要性。另一方面，本章强调了最近为增进对政策过程的理解而发展起来的两个研究领域，即论辩性转向和对情绪的关注，这两个领域都为进一步的研究提供了新的路径。目前，话语研究路径不能作为一种统一的、同质的方法。这一事实只能说明话语研究路径所建立的传统的丰富性，同时揭示了对公共政策研究的启示程度。特别是有争议的政策议题，如环境问题、规划或移民问题，最近转向了话语研究路径，因为这种研究路径抓住了公众讨论的多样性，并提供了一种根据政策过程中知识的形成、作为专门知识呈现和实施的方式来构建这些讨论的方法。毫无疑问，这种通过政治、论辩和情绪的视角对主流政策分析的挑战将继续前行。

参考文献

Ahmed, S. 2004. *The Cultural Politics of Emotion*. New York, NY: Routledge.

Arendt, Hannah. 1958. What is authority? In *Nomos I: Authority*, ed. C. Friedrich, 81–112. Cambridge, MA: Harvard University Press.

Bachrach, Peter S., and Morton S. Baratz. 1963. Decisions and non-decisions: An analytical framework. *American Political Science Review* 57(3): 641–651.

Barnes, Marianne. 2008. Passionate participation: Emotional experiences and expressions in deliberative forums. *Critical Social Policy* 28(4): 461–481. doi:10.1177/0261018308095280.

Bevir, M., and R. A. Rhodes. 2010. The state as cultural practice. OUP Oxford.

Bourdieu, P., and R. Christin. 1990. La *construction du marché, Le champ administratif et la production de la "politique du logement"*, Actes de la recherche en *sciences sociales Année*. Vol. 81. Numéro 1, pp. 65–85.

Clemons, R. S., and M. K. McBeth. 2001. *Public policy praxis: Theory and pragmatism, a case approach*. Prentice-Hall.

Crozier, Michel, and Erhard Friedberg. 1977. *L'acteur et le Système*. Paris: Seuil.

Dryzek, J. S. (2001). Legitimacy and economy in deliberative democracy. *Political theory*, 29(5), 651-669.

Durnová, A. 2013a. A Tale of 'Fat Cats' and 'Stupid Activists': Contested values, governance and reflexivity in the Brno Railway Station controversy. *Journal of Environmental Policy & Planning*, 1–17.

Durnová, A. 2013b. Governing through intimacy: Explaining care policies through 'sharing a meaning'. *Critical Social Policy* 33(3): 494–513. doi: 10.1177/0261018312468305.

Durnová, A. 2015. Lost in translation: Expressing emotions in policy deliberation.

In *Handbook of critical policy studies*, eds. F. Fischer, D. Torgerson, A. Durnová, and M. Orsini. Cheltenham: Edward Elgar Publishing.

Fischer, F. 1980. Politics, values, and public policy: The problem of methodology, Westview Press.

Fischer, F. 2003. *Reframing public policy: Discursive politics and deliberative practices.* Oxford: Oxford University Press.

Fischer, F. 2009. *Democracy and expertise: Reorienting policy inquiry.* Oxford: Oxford University Press.

Fischer, F. 2012. Debating the head start program: The Westinghouse reading scores in normative perspective. In *Public policy*, vol. 1, ed. Hupe Peter and Hil Michael. Los Angeles: Sage Publications.

Fischer, F. 2015. In Pursuit of Usable Knowledge: Critical Policy Analysis and the Argumentative Turn. In Handbook of Critical Policy Studies, eds. Frank Fischer, Douglas Torgerson, Anna Durnova, Michael Orsinin. Edgar Elgar.

Fischer, F., and J. Forester. 1993. *The argumentative turn in policy analysis and planning.* Durham: Duke University Press.

Fischer, F., and H. Gottweis. 2012. *The argumentative turn revisited: Public policy as communicative practice.* Durham: Duke University Press.

Fishkin, James S. 1991. *Democracy and deliberation: New directions for democratic reform*, vol. 217. Cambridge: Cambridge Univ Press.

Fonow, M. M., & Cook, J. A. (1991). *Beyond methodology: Feminist scholarship as lived research*: Indiana University Press.

Forester John (eds), Critical Theory and political life, MIT Press, Cambridge, 1985.

Foucault, Michel. 1963. *Naissance de La Clinique; Une Archéologie Du Regard Médical.* Galien Histoire et Philosophie de La Biologie et de La Médecine. Paris: Presses universitaires de France.

———. 1966. *Les Mots et Les Choses Une Archéologie Des Sciences Humaines.* Bibliothèque Des Sciences Humaines. Paris: Gallimard.

———. 1971. *L'ordre du discours.* Editions Flammarion.

———. 1975. *Surveiller et Punir: Naissance de La Prison.* Bibliothèque Des Histoires. Paris: Gallimard.

Freund, J. 1986. *L'essence du politique.* Paris: Dalloz.

Fung, A., and E. O. 2003. *Deepening democracy: Institutional innovations in empowered participatory governance*, vol. 4. Verso.

Goodwin, J. 2001. *Passionate politics, emotions and social movements.* Chicago: University of Chicago Press.

Gottweis, H. 2006. Argumentative policy analysis. In *Handbook of public policy*, eds. J. Pierre, and B.G. Peters, 461–480. Thousand Oaks: Sage.

Gottweis, H. 1998. *Governing molecules: The discursive politics of genetic engineering in Europe and the United States.* MIT press.

Gottweis, H. (2003). Theoretical strategies of poststructuralist policy analysis: towards an analytics of government. *Deliberative policy analysis. Understanding governance in the network society*, 247–265.

Gottweis, Herbert. 2007. Rhetoric in policy making: Between logos, ethos, and pathos. In *Handbook of public policy analysis. Theory, politics, and methods*, ed. Frank Fischer and G.J. Miller. Boca Raton: Taylor & Francis.

Gusfield, Joseph. 1981. *The culture of public problem.* Chicago: Chicago University of Chicago Press.

Habermas, Jürgen. 1987. *Théorie de L'agir Communicationnel.* Vol. L'espaçe du poli-tique. Tome 1: Rationalité de L'agir et Rationalisation de La Société. Paris: Fayard.

Hajer, M. 1993. Discourse coalition and the institutionalization of practice: the case of acid rain in Britain. In *The argumentative Turn in Policy analyzis and Planning,* ed. F. Fischer, J. Forester, p. 43–76. Duke University.

Hajer, M. A., and H. Wagenaar. 2003. *Deliberative policy analysis: understanding governance in the network society.* Cambridge: University Press.

Hallin D.C. 1985. "The American news media: A critical theory perspective" in Forester John, *Critical theory and public life,* 121–46, MIT Press.

Hawkesworth, M. E. (1988). *Theoretical issues in policy analysis.* SUNY Press.　55

Jann, W., and K. Wegrich. 2003. Phasenmodelle und Politikprozesse: der policy cycle. *Lehrbuch der Politikfeldanalyse* 2: 106.

Jasanoff, S. 2006. Ordering knowledge, ordering society. In *States of knowledge. The co-production of science and social order,* ed. S. Sheila Jasanoff, 13–45. London: Routledge.

Jasper, J. M. 2006. Emotions and the Microfoundations of Politics: Rethinking and Means. In: Clarke, S., Hoggett, P. & Thompson, Emotion, *Politics and Society.* Basingstoke: Palgrave Macmillan, 14–30.

Jasper, James M. 2011. Emotions and social movements: Twenty years of theory and research. *Annual Review of Sociology* 37(1): 285–303. doi:10.1146/annurev-soc-081309-150015.

Jobert, Bruno. 1994. *Le Tournant Néo-Libéral En Europe.* Paris: L'Harmattan.

Jobert and Muller (1987), L'Etat en action, Paris, PUF, 1987.

Jones, Brian D., and Frank R. Baumgartner. 2005. *The politics of attention. How government prioritizes problems.* Chicago: University of Chicago Press.

Kingdon, John. 1995. *Agendas, alternatives and public policies.* New York: Longman.

Larsen, Lars T. 2010. Framing knowledge and innocent victims. Europe bans smoking in public places. *Critical Discourse Studies* 7(1): 1–17.

Lasswell, Harold. 1942. The relation of ideological intelligence to public policy. *Ethics* 53(1): 25–34.

Lasswell, H. 1951. The policy orientation. In *The policy sciences,* eds. H. Lasswell, and D. Lerner. Stanford: Stanford University Press.

Lasswell, Harold D. 1971. *A pre-view of policy sciences.* Houston: Elsevier.

Latour, Bruno. 1990. *La Science Telle Qu'elle Se Fait.* Anthropologie de La Sociologie Des Sciences de Langue Anglaise. Paris: La découverte.

Lindblom, Charles. 1958. The science of muddling through. *Public Administration Review* 19(2): 78–88.

Lindblom, Charles. 1965. *The intelligence of democracy: Decision making through mutual adjustment* New York: Free Press.

Lindblom, Charles. 1968. *The policy-making process.* Englewood Cliffs: Prentice-Hall.

Lindblom, Charles. 1979. Still muddling, not yet through. *Public Administration Review* 39(6): 517–526.

Lindblom, C.E., and D. Cohen. 1978. *Usable knowledge: Social science and social problem solving.* New Haven: Yale University Press.

Majone, Giandomenico. 1989. *Evidence, argument and persuasion in the policy process.* New Haven: Yale University Press.

Martin, Emily. 2001. *The woman in the body: A cultural analysis of reproduction.* Boston: Beacon Press.

Mayntz, Renate. 1993. Policy Netzwerke und die Logik von Verhandlungssystemen. Policy Analyse. Kritik und Neuorientierung". *Politische Vierteljahresschrift* 34: 39–56.

56 Newman, Janette. 2012. Beyond the deliberative subject? Problems of theory, method and critique in the turn to emotion and affect. *Critical Policy Studies* 6(4): 465–479. doi:10.1080/19460171.2012.730799.

Ney, S. 2009. *Resolving messy problems: Handling conflict in environment, transport, health and aging policy.* London: Earthscan.

Orsini, M., & Wiebe, S. M. (2014). Between Hope and Fear. Comparing Canada: Methods and Perspectives on Canadian Politics, 147.

Parsons, Wayne. 2003. *Public policy: An introduction to the theory and practice of policy analysis.* Northampton: Edward Elgard Publishing.

Peters, B.G. 2004. Review of "Reframing public policy: Discursive politics and deliberative practices". *Poltiical Science Quarterly* 119(3): 566–567.

Rein, M. 1976. *Social science and public policy.* New York: Penguin Books.

Schmidt, V.A. 2008. Discursive institutionalism: The explanatory power of ideas and discourse. *Annual Review of Political. Science* 11: 303–326.

Schram, S., and P.T. Neisser, eds. 1997. *Tales of state: Narrative in contemporary U.S politics and public policy.* New York: Rowman and Littlefield.

Schubert, K., and N. Bandelow. 2003. *Lehrbuch der Politikfeldanalyse.* Oldenbourg: Oldenburg Verlag.

Scriven, M. 1987. Probative logic. In *Argumentation across the linerw of discipline*, eds. F.H. Van Eemeren et al. Amsterdam: Foris.

Simon, Herbert A. 1945. *Administration behavior.* New York: Free Press.

Stenner, P. & Taylor, D. 2008. Psychosocial welfare: Reflections on an emerging field. *Critical Social Policy*, 28 (4), 415–437.

Stone, D. A. (1988). *Policy paradox and political reason.* Addison-Wesley Longman.

Sullivan, Helen, and Chris Skelcher. 2002. Working across boundaries: Collaboration in public services. Palgrave.

Toulmin, S. 1958. *The uses of argument.* Cambridge: Cambridge University Press.

Torgerson, D. 1986. Between knowledge and politics: Three faces of policy analysis. *Policy sciences*, 19(1), 33–59.

Wittgenstein, L. 1958. *Schriften: Suhrkamp.*

Wittgenstein, *Philosophische Untersuschungen*, Suhrkamp Verlag KG, 2003.

Yanow, D. 1996. *How does a policy mean?: Interpreting policy and organizational actions.* Washington, DC: Georgetown University Press.

Zittoun, P. 2009. Understanding policy change as a discursive problem. *Journal of Comparative Policy Analysis* 11(1): 65–82.

Zittoun, P. 2013a. Entre définition et propagation des énoncés de solution. *Revue Française de Science Politique* 63(3): 625–646.

Zittoun, P. 2013b. *La fabrique des politiques publiques.* Paris: Presses de Science Po.

Zittoun, P. 2014. *The political process of policymaking: A pragmatic approach to public policy.* New York: Palgrave-McMillan.

第四章 制度主义与公共政策

B. 盖伊·彼得斯

引　言

社会科学界对用结构或能动性来解释现象一直颇有争议。 57
大多数当代社会科学建立在能动性的基础上，个体的行为（无
论假设是由社会驱动、心理属性还是由效用最大化驱动）主导
着理论的发展（Hay 2002）。也就是说，制度主义解释的重新
兴起，迫使人们更多地考虑结构性因素以及组织和制度在形成
决策方面发挥的作用。

一般而言，关于结构和能动性的争论在社会科学中普遍存
在，这在公共政策研究中也同样明显。公共政策是政府及其盟
友——利益团体、社会组织等——作出的选择，因此，它是众多
个体决策的产物。但是这些个体在正式的结构中相互作用，它
们根据管理这些结构的规则互动。事实上，这些规则可能被用
来定义制度（Rowe 1997）。在制定政策的过程中，这些正式的
结构也参与系统的相互作用，必须假定其对政策有一定的影响。

从制度主义者的角度来看政策制定或政治行为的其他方 58
面，个体不是原子化的个体，而是嵌入在许多制度之中。个体
从这些制度联系中获得其政治行为的意义，同时也获得其行为

的线索。这些线索可能以激励或抑制的形式出现，也可能更加规范；但这些制度提供了行动指南，也可以对不符合制度预期的个体进行处罚。

此外，在这个分析中，我有时会在谈论制度和谈论组织之间进行转换。虽然文献确实区分了制度和组织（参见 North 1990），但在实践中，这种区分可能很困难。例如，虽然公共官僚机构可以被视为一种制度，但它是由多个组织组成的，在制定政策时，该机构的行为可能与其说是单个实体在行动，不如说是多个组织在行动。每个组织都将根据自己的价值观和利益运作。① 因此，制度和组织往往是重叠的，但在现实和理论上，仍然必须分开考虑。

同样作为本章的引言，我将论证制度可以被其政策所定义。这并不是两个无关联的因素：公共部门机构及其影响经济和社会的企图是紧密联系在一起的。我们可以认为，制度至少一部分可以被定义为它们所做的事情，以及当行动与制度的基本逻辑之间出现脱节时，就需要修改其中一个，或两者兼需修正。因此，在某种程度上，说公共部门机构制定或影响公共政策与说制度是一致的。

本章将首先简要讨论各种制度理论，这些理论被用于政治科学，在某种程度上也被用于其他社会科学（Brinton and Nee 1998）。然后，继续讨论关于制度在解释政策选择中的作用以及政策选择在界定制度中可能发挥的作用这些具体问题。本章最后将评估制度理论在解释政策选择时所面临的挑战，以及应对这些挑战的一些可能性。

_____

① 在某些情况下，官僚机构可能充当单一机构，例如，追求更高的公务员薪水，但是将机构视为单一行为主体通常会有分析上的风险。

制度理论的多样性

文献中对各种制度理论进行了大量讨论，我在此不赘述这 59
一点（参见 Peters 2010；Hall and Taylor 1996；Lowndes and
Roberts 2011）。不过，尽管如此，对于任何试图理解制度在解
释政策选择方面所起作用的人来说，重要的是要理解制度主义
具有实质性的内涵多样性。事实上，当代制度分析的一个主要
问题是，这些研究路径之间是否有足够的共识基础，来证明存
在制度研究路径这一假设的合理性。或者确实存在多种研究路
径都依赖于有限的制度因素来解释的情况吗？

我不会试图详细阐述各种可获取的制度主义方法。但是，
对每一篇文章的简要介绍可能是必要的，以便那些没有深入研
究制度主义文献的人能够理解本章的其余部分。虽然制度理论
清单范围很大，但我将集中讨论政治学中制度理论的四个主要
路径：规范制度主义、理性选择制度主义、历史制度主义和话
语制度主义。

规范制度主义

最初呼吁学科重新主张制度和组织在解释政治生活中的作
用就来自我们现在所说的规范制度主义。正如它名称所暗示的
那样，这种制度主义通过指导行为的价值观、符号，甚至是神
话来定义制度。这种制度主义与社会学的组织理论有着密切的
联系，特别是菲利普·塞尔兹尼克（Philip Selznick 1996）的
研究路径，一些学者对这几种研究路径进行了分类，将其称为
社会学制度主义（Hall and Taylor 1996）。

规范研究路径的价值意义与公共政策有着明确的关系。如
果价值观在本质上就可以定义制度，那么它们也将定义由制度

制定的政策。一个机构内的一些价值观可能是程序性的，例如，

60 如何作出决定；但许多价值观也是实质性的。这些实质性和程序性的价值观被灌输成为机构成员的个体，并作为他们的行动指南。因此，这一研究路径中的行动者受到"适当性逻辑"的指导，并根据他们所学到的、符合其在机构中的成员身份的价值观行事。这种适当性逻辑也定义了什么样的政策选择是该机构及其成员可以接受的。

理性选择制度主义

政治学中的制度理论的第二种样式通常被称为理性选择制度主义，因为它是基于学科领域内理性选择理论的功利主义逻辑。这种研究路径的基本假设是，个体追求自己的私利，并使用理性计算。这就是马奇（March）和奥尔森（Olsen）所说的"结果逻辑"，成员们根据决策的假定结果而不是机构内部认为合适的结果来作出决策。

在制度主义的理性选择视角中，行动者的偏好被认为是制度的外生因素；他们进入制度是为了寻求效用的最大化，而制度的基本价值不因成员身份而改变。有了这种个体主义的逻辑，制度就变成了通过利用这些动机来产生特定结果的结构。例如，埃莉诺·奥斯特罗姆（Elinor Ostrom）（1990）的方法是，利用规则为机构成员的行为创造激励和抑制。而制度的委托—代理模型假设有必要设计制度来监督代理人的遵从性（Waterman and Meijer 2004）。

综上所述，制度主义理性选择路径的优点之一是制度相对容易改变。制度的未来设计者所要做的就是改变规则或激励措施，以期望机构成员的行为也会随之改变。这与上述规范性研究路径，即改变机构需要改变其成员持有的价值观，形成对比。

尽管对理性选择制度主义过于简单的概念化可能会作出如此强假设 ①，但这种观点本身已经适应了批判，并开始将关于学习和价值观的假设添加到以行为为核心的严格功利主义观念中。

历史制度主义

在许多方面，历史制度主义提供了最简单的制度概念及其与公共政策的关系（Steinmo 2008）。基本假设是，一旦机构 61 走上了一条道路，经常意味着选择了一项政策，它很可能会在这条道路上坚持到底，除非承受了强大的压力——平衡中的一个间断使它偏离这条道路。这建立在对政府的一种普遍看法之上，即政府往往带有贬义意味的官僚作风，很难对环境变化做出相应的反应。

历史制度主义的倡导者试图回应对这一方法的众多批评，特别是对政策选择的过度稳定以及除重要间断外毫无变化引致的批评。特别是，凯瑟琳·特伦（Kathleen Thelen）和她的同事（Streek and Thelen 2005；Mahoney and Thelen 2010）认为，政策和制度中存在四种更为渐进的变化：分层、漂移、取代和转变。这些可以被看做描述和分析制度和公共政策内部更一般的渐进变化过程的方法（Hayes 2006）。

话语制度主义

最后，制度主义的话语路径（Schmidt 2010；也可参见 Hay 2006，建构制度主义方面的内容）根据制度内部正在进行的话语定义了制度。与规范制度主义一样，这种研究路径主要是通过思想来定义的。两者之间的差异部分在于它们来自不同

---

① 强假设是指改变规则和激励措施会使机构成员改变行为。——译者注

的知识传统，也在于它们在制度内部的理念上有着不同程度的一致性。

在这种制度主义的方法中，假设制度内部至少有两种类型的话语。一种是**"协调性话语"**，或者说是在成员内部使用的话语，用来定义他们所认为的制度。另一种是**"交际性话语"**，对外用以向制度之外的人定义制度是什么以及它打算做什么。与在规范路径中的话语相比，制度内部的协调性话语更具争议性。因此，制度主义的话语路径内部发生变化的可能性更大。

制度主义研究路径的共同点

如果我们假设在政治学和政策研究中有一个相对共同的制度视角，那么我们就需要找出这些共同的因素，看看它们是如何形成一个共同的视角。制度理论中最明显的共同要素是制度创造的可预测能力。如果机构运作良好，那么它们就可预测成员行为和结果——即本章关注的公共政策。尽管一些机构（例如军队）可能要求更大的遵从性和行为规范性，但所有机构都要求一定的可预测性。

与可预测性相关的是制度的跨时间自我复制能力。制度可能会逐渐发生变化，这种变化在大多数时候悄无声息，无人注意，但是，除变化外，它们也倾向于在成员之间复制行为模式。反过来，这种持续重复导致机构所作决定的持续性，从而导致正在执行的政策的持续性。当然，从另一个角度看待制度可能会或多或少地强调行为的再生产，历史制度主义在很大程度上是通过行动的连续性来予以定义的，但在所有路径中，行为模式复制都是制度方法的一个关键要素。

第三，制度主义的所有路径都假定制度与其环境有某种分离。尽管机构依赖于环境（人员、财政资源等）来保持活力，但它们也必须保持自主权，并有能力采取行动实现自己的目标。[①]此外，我们应该把任何一个机构的环境看做由其他机构主导的。例如，对于政府机构而言，法律和市场是政府发挥能力的重要机制（参见 Dimaggio and Powell 1983）。政府依靠市场获取资源，但也要规范市场运作的方式，也许更根本的是通过法律法规和对其的贯彻执行来创造有效的市场。

63

制度如何影响政策

通过以上对制度主义各种路径以及这些研究路径中的共同线索的描述，我现在将继续讨论制度分析与公共政策之间的联系。这一讨论将更多地集中于方法操作指南对政策的一些共同影响，而不是政策选择的个别方法之间的关系。但不可避免的是，制度主义的某些路径将与政策的某些观点更加相关，因此必须予以强调。

制度创造稳定

制度的基本特征之一是，社会潜在的矛盾即使似乎很可能产生不稳定，它们也会创造稳定。这种分析是关于即使在面对根本性政治分歧时，制度会产生均衡结果的能力（Shepsle 1986），它对政策也可以说能产生相同的影响。与通过制度发生作用相比，尝试通过政策网络或其他非正式结构来制定没有明确定义制度规则的政策，其稳定性和可预测性将大大降低。

在制度背景下，人们从政策中发现的稳定性有几个来源，

---

① 这个论点类似于组织理论的开放系统方法 [参见 Katz and Kahn（1978）]。

这在一定程度上取决于应用于这些制度的理论观点。例如，规范研究路径通过机构成员的社会化，从而使他们能够以可预测的模式获得稳定性。其他理解制度的方式，尤其是历史制度主义，也假设将通过一系列机制维持稳定，例如积极反馈（Pierson 2000）、习惯（Sarigil 2009[①]）；或仅仅是惯性（Rose and Karran 1984）。

强大的机构所面临的危险是，它们在维持自身和实施的政策稳定方面都过于成功。塞缪尔·亨廷顿（Samuel Huntington 1968）认为，公共部门组织的制度化涉及创造适应的能力，但是，大多数机构和制度化的考量都强调稳定性而非适应性。组织理论对那些结构的目标变化有着实质性的关注，但是制度文献很少关注可以用来维持制度的基本结构，同时又允许变化的适应性方式。

制度有观念，或至少传播观念

有些人倾向于认为制度是形式化和结构化的术语。然而，正如前所述，制度也可能会由观念及其成员对这些观念的承诺所定义。个体加入机构可能是因为他们同意这些观念，或者一旦他们成为其中一员，他们可能会被这些观念社会化，但无论哪种情况，机构的观念塑造了在机构内作出决定的方式。在社会制度中，观念的这种作用可能很明显，它对制定公共政策也非常重要。

在公共官僚机构中，观念在制定公共政策中的作用最为明显。例如，查尔斯·古德塞尔（Charles Goodsell）（2011）认为，公共部门内的组织可以通过其使命或它们用来制定自己内

64

---

① 原书为 2011，经查，疑为 2009。——译者注

部决策的观念来定义它们自己。这些观念还被用来与政府其他部门在预算上进行政治斗争以及政策控制。任何制度的结构化理解都不足以解释制度如何形成政策，然后将其传播到整个政治过程中。

同样重要的是要认识到政策观念不仅仅与机构和组织的高层有关。这些政策构想可能是由组织高层制定和传播的，但机构本身也会弥漫着这些政策构想。也就是说，有充分的证据表明，有关公共政策的观念很可能是由公共组织的中层甚至最底层提出的（Page 2010），然后向上传递。因此，机构或组织内部关于政策和观念的互动仍然存在，这些互动可以用来塑造或至少证明政策选择的合理性。

制度传导政治压力

有些人倾向于认为公共部门内部机构几乎不关心政治，并根据自己的价值观和规则作出决定。[1]这一论点尤其针对公共官僚机构，而对于其他机构则更为含蓄。然而，公共部门内部任何机构都不可能在不考虑政治压力和政治价值观的情况下运作。公共部门机构除了有自己的政策观点外，还在社会上疏导政治压力，给予一些人特权，以及威慑其他人。

制度主义的理性选择路径，尤其是基于否决点[2]和否决者的方法（Tsebelis 2000）对于理解政治压力的传导特别有用。一个机构的结构设计可以使它或多或少地受到政治压力的影响，更多的否决点和参与者限制了纳入考虑因素的选项范围。

---

[1]　当然，这与马奇和奥尔森（1984）在新制度主义的开创性著作中的观点有些相反。在这种观点下，制度从根本上讲是政治性的，政治从根本上讲是制度性的。

[2]　否决点是指在制定政策的过程中，相关行为者联盟可以阻止通过一项特定的立法。——译者注

如果我们再加上更多的规范性观点，使某些类型的政治思想和行动者优先于其他人，那么，很明显，制度确实塑造了外部行动者的影响。

此外，如果我们考虑一下比较政治中不同类型政治结构之间的一些典型差异，就会发现，对制度更具常识性的概念化也可能有助于解释政治压力的传导。例如，选择议会制与总统制政府有什么区别（Weaver and Rockman 1986），或者不同类型的总统制有什么区别（Shugart and Haggard 2001）？此外，单一制和联邦制之间的差异，或者更普遍的中央集权和分权制之间的差异，也可能具有重大的政策含义。在所有这些结构中，制度的设计创造或消除了政治影响政策的机会，从而有助于形成政策选择。

非正式制度和正式制度同样重要

尽管非正式制度的概念看似矛盾，但实际上，社会中的非正式结构，以及那些将社会与政治制度联系起来的结构，对治理和决策都很重要。此外，这些结构通常具有制度的特征，如前所述的复制能力。在制定和执行公共政策的过程中，非正式结构似乎逐渐成为可以对政策成败作出贡献的重要行动者。特别是，社会行动者网络可以在政策和治理方面发挥重要作用（Torfing et al. 2001）。

正式制度和非正式制度之间的关系可能有多种形式。例如，赫尔姆克（Helmke）和列维茨基（Levistsky）（2004）认为，正式制度和非正式制度之间的关系取决于其目标的相似程度和正式制度的有效性。例如，如果有合理的共同目标且正式制度是有效的，那么两者可以相互补充。另外，如果正式制度是无效的，那么非正式制度可以替代正式制度。当目标分歧较大时，

66

两者之间的互动就不那么和谐，但它们仍然可以成为决策中的重要角色，并将产生相互影响。

政策如何影响制度

关于制度的另一个常见假设是，它们是稳定的，几乎是不变的；尽管它们是稳定的源泉，但制度确实会发生变化。行动者选择和执行的公共政策可能是他们自身变化的根源之一。在检验政治学中的制度性质时，通常不考虑来自早期选择的反馈，但这些相互作用可能比其他假定的驱动因素能更有效地促进制度变革。

政策失灵可能是制度变迁的一个更重要的根源，尤其是当有疑问的政策与制度价值观密切相关时，制度变迁更易发生。如果一项政策没有按预期执行，甚至产生了负面的意外后果，那么我们应该期望制度改变其行为。例如，卡特里娜飓风袭击新奥尔良后，联邦应急管理局的失败使该机构和一系列负责美国应急响应的组织都发生了重大变化。

即使政策并非完全失败，其实施的反馈也可能会影响该机构及其政策方法。正如有一种倾向认为制度实际上是一成不变的，因而也有一种倾向认为除了相对重大的变革之外，政策往往相对稳定。当然，无论是通过设计还是通过集聚，政策调整都是一个持续不断的增量过程，机构与环境之间的持续互动主要是通过机构采用和实施的政策来实现的。

如前所述，即使面对糟糕的政策失败，制度也表现出了坚持其旧行为模式的非凡能力。一旦一套特定的制度和政策价值观成功地灌输给组织成员，其结构可能愈发制度化，因此，该机构就越有可能坚持其旧政策，继续其既定模式。例如，军事 67 组织往往长期坚持过时的战术和战略，直到它们显然不再成功为止。①

因此，政策的成功对于负责该政策的组织或机构来说可能是非常危险的。如果制度成功，那么政策可能会被锁定；对政策的挑战也会变得更加困难。考虑到受政策影响的环境变化通常比正在执行的政策变化得更快，在一个很明确可以成功的情况下，看似永久的制度保持这种成功的能力可能比在不确定成功的情况下更为有限。从更具分析性的角度来看，这种的成功可能是一个明确的机会，供机构内部就替代性政策话语进行辩论，并进行调整。

在一个弱关联范式中，尼尔斯·布伦森（Nils Brunsson）和约翰·P. 奥尔森（Johan P. Olsen）（1992）认为，当制度的行为不符合其所信奉的价值观时，制度就会发生变化。在公共部门机构中，特别是对公共官僚机构而言，其政治掌控者可能期望它去实施不一定与其价值观相符的政策。②这种脱节可能导致制度变迁，要么是因为制度改变了其价值观，要么是因为在一组特定价值观中已经社会化的成员决定离开。

制度不做什么

我在上面的内容中已经说明了制度对于解释政策选择的重要性。尽管我可以很容易地说，制度在解释政策的某些方面很重要，但它们在提供这些解释方面也有明显的弱点。这些弱点在某种程度上是它们所采用方法的优点的函数。特别

---

① 人们一直相信，即使面对越来越多的致命武器，骑兵也能在第一次世界大战中取得突破，但这只是面对负面结果时坚持观念的一个例子（Ellis 1976）。
② 例如，环保机构可能会发现自己反对保守政府的政策议程，从而导致内部冲突，并可能在机构内部产生更根本的变化。

是，强调制度主义内部的稳定性往往会削弱解释政策变化的能力，而变化对理解公共政策至关重要（Carter 2012）。同样地，强调结构往往会削弱基于能动性的解释，也可能不仅仅使这些解释更适用于人格化的解读。

制度往往是稳定的，也往往与稳定的公共政策相联系。因此，强调制度可能会使政策变化更难理解和解释。如前所述，即使面对变革的压力，制度主义的一些路径也是建立在持续反复的逻辑基础上的。从这样的角度来看，改变似乎不太可能。这种制度观的一个主要例外来自话语制度主义，它的假设是，在一个制度中存在着多种话语在争夺支配地位，且任何一种话语的支配地位都具有相对流动性。与规范制度主义一样，制度中的这种观点强调观念的作用，但与这种观点不同的是，不存在制度中的观念能够有效地自我延续的假设。① 68

制度主义作为公共政策解释的第二个关注点是在理论分析中对结构与制度的强调。如本章引言所述，制度分析倾向于强调结构的性质和重要性，而不是强调这些结构中的个体在决策结构中的作用。这种结构性的强调反过来又导致了一种倾向，即将制度人格化，并假定这些结构以某种方式发挥决策者的作用。因此，就政治学而言，马奇和奥尔森（1984）关于社会科学需要放弃或者至少是补充行为主义和理性选择的个体主义方法论的最初观点又重新回到了原点；可能需要在制度分析中纳入更多的个体分析。

因此，制度理论需要考虑个体及制度如何相互作用。某些方法，特别是规范制度主义的逻辑是，制度塑造个体，即偏

---

① 正如我们为历史制度主义所主张的那样（Peters et al. 2005），只有当有一个新的观念能够取代在体制内主导政策的观念时，变革才可能发生。

好的内生来源是其基本逻辑。另一些人认为，个体在很大程度上不受其所在机构中的成员身份的影响，事实上，个体对制度的影响大于制度对他的影响。例如，对于理性选择制度主义而言，个体偏好基本上不受他们身在其中的制度的影响，但个体可以而且确实设计了以某种方式运作的制度（Calvert 1996）。

69　除了关于历史制度主义变革的研究（Thelen and Mahoney 2010）[①]，这种研究路径似乎忽略了个体对制度的影响而非双向考虑这一影响。

　　结合制度理论中对稳定和结构的重视程度，可以对通过这种研究路径产生的任何公共政策解释中的动态因素施加显著限制。虽然观念本身在制定政策时有其作用（Braun and Busch 1999；Beland and Cox 2011），但制度主义并不总能确定这些观念实际上是如何从概念转化为行动的，以及它们如何影响政策选择。例如，制度主义可以与其他方法相结合，对政策如何形成，特别是政策如何变化提供更全面的解释。

　　例如，关于制度的规范性观点，以及某种程度上的话语观点，较之解释个体如何在这些制度内作出决定，它们的解释效用更多地体现在个体如何参与制度上。然而，这些方法可以与倡导联盟框架（ACF，参见本书中韦布尔所参与撰写的那章）有效地结合起来，以帮助理解这些观念是如何在政策过程中付诸实施的。如果不是有必要理解政策最初如何形成的话，倡导联盟框架包含了一个明确的政治动态，这对于理解政策如何变化尤其有用。通过强调倡导可替代的政策观点，可以说明如何利用各种观念来推动政策选择。

　　[①]　这种说法也许对这部分文献不公平。例如，皮尔森对路径维持的解释（Pierson 2000）的确依赖于通过积极反馈对个体进行的强化，以及基于习惯的路径依赖的解释（Sarigil 2009）。

以上概括的一个更为重要的例外是"制度分析和发展框架"。尽管这个框架在本书中是一个单独章节（参见阿拉尔和阿姆里撰写的第五章），但它在制度文献中有着明确的基础。这个框架是从埃莉诺·奥斯特罗姆早期关于制度理论的著作（1990；Crawford and Ostrom 1996）演变而来的。她最初的分析强调在制度框架下使用规则来塑造行动，而这一更广泛的框架将制度内不同层次的个体和集体行动联系起来。较之大多数制度分析，这一框架对制度囊括的程度更广。因此，这个制度主义框架包含了比其他方法更多的自身动力。

总结与结论

本章的中心论点是制度确实影响政策选择。在政策制定的现实世界中，这一点当然是正确的，公共政策的学术分析也可以从对制度理论文献的细致关注中得到很多收获。制度，无论是政府内部的正式制度，还是与社会行动者合作（或有时与之对抗）的非正式制度，都在推进政策理念和塑造政府政策选择方面发挥着重要作用。

尽管制度在制定政策时很重要，但我们必须始终记住，制度是由个体组成的；而真正制定政策的是这些个体以及个体之间的相互作用。因此，思考政策中的制度分析需要思考个体塑造制度，以及制度塑造个体的方式。此外，考虑到制度往往比成功地适应不断变化的环境所需要的情境更为静态，于是，将个体视为制度及个体制定的政策的变革源泉就显得极为重要。制度固然重要，但它们在其他制度、个体和社会经济压力——即使是最强大的制度也难以控制这些压力——这样一个复杂的决策系统中发挥作用。

参考文献

Brinton M.C., and V. Nee. 1998. *The new institutionalism in sociology*. Palo Alto: Stanford University Press.

Calvert R.L. 1996. The rational choice theory of institutions: Implications for design. In *Institutional design*, ed. D.L. Weimer. Newell: Kluwer.

Carter P. 2012. Policy as palimpset. *Policy & Politics* 40: 423–443.

Crawford S.E.S., and E. Ostrom. 1996. A grammar of institutions. *American Political Science Review* 89: 582–600.

Dimaggio P.J., and W.W. Powell. 1983. The iron cage revisited: Institutional isomorphism and collective rationality in organizational fields. *American Sociological Review* 48: 147–160.

Ellis J. 1976. *The social history of the machine gun*. New York: Pantheon.

Hall P.A., and R. Taylor. 1996. Political science and the three institutionalisms. *Political Studies* 44: 936–957.

Hay C. 2002. *Political analysis: A critical introduction*. Basingstoke: Palgrave.

Hay C. 2006. Constructivist institutionalism. In *Oxford handbook of political institutions*, ed. R.A.W. Rhodes, S. Binder, and B.A. Rockman. Oxford: Oxford University Press.

Hayes M.T. 2006. *Incrementalism and public policy*. Lanham: University Press of America.

Huntington S.P. 1968. *Political order in changing societies*. New Haven: Yale University Press.

Katz D., and R.L. Kahn. 1978. *The social psychology of organizations*. New York: Wiley.

Lowndes V., and M. Roberts. 2011. *Why institutions matter: New institutionalism in political science*. Basingstoke: Macmillan.

Mahoney J., and K. Thelen. 2010. *Explaining institutional change: Ambiguity, agency and power*. Cambridge: Cambridge University Press.

March J.G., and J.P. Olsen. 1984. The new institutionalism: Organizational factors in political life. *American Political Science Review* 78: 738–749.

North D.C. 1990. *Institutions, institutional change and economic performance*. Cambridge: Cambridge University Press.

Ostrom E. 1990. *Governing the commons: The evolution of institutions for collective action*. Cambridge: Cambridge University Press.

Page E.C. 2010. *Policy without politicians: Bureaucratic influence in comparative perspective*. Oxford: Oxford University Press.

Peters B.G. 2010. *Institutional theory in political science: The new institutionalism*, 3rd ed. London: Continuum.

Peters B.G., J. Pierre, and D.S. King. 2005. The politics of path dependency: Political conflict in historical institutionalism. *Journal of Politics* 63: 1275–1300.

Pierson P. 2000. Increasing return, path dependence and the study of politics. *American Political Science Review* 94: 251–267.

Rowe N. 1997. *Rules and institutions*. Ann Arbor: University of Michigan Press.

Sarigil Z. 2009. Paths are what actors make of them. *Critical Policy Studies* 3: 121–140.

71

Schmidt V.A. 2010. Taking ideas and discourse seriously: Explaining change through discursive institutionalism as the fourth new institutionalism. *European Political Science Review* 2: 1–25.

Selznick P.A. 1996. Institutionalism "old" and "new". *Administrative Science Quarterly* 41: 270–277.

Shugart M.S., and S. Haggard. 2001. Institutions and public policy in presidential systems. In *Presidents, parliaments and policy*, ed. S. Haggard and M.D. McCubbins. Cambridge: Cambridge University Press.

Steinmo S. 2008. Historical institutionalism. In *Approaches and methodologies in the social sciences: A pluralist approach*, ed. D. Della Porta and M. Keating. Cambridge: Cambridge University Press.

Streeck Wolfgang, and Kathleen Thelen. 2005. *Beyond continuity: Institutional change in advanced political economies*. Oxford: Oxford University Press.

Tsebelis G. 2000. *Veto players: How political institutions work*. Princeton: Princeton University Press.

Waterman R.W., and K.J. Meijer. 2004. Principal-agent models: A theoretical Cul-de-Sac. In *Bureaucrats, politics and the environment*, ed. R.K. Waterman, A.A. Rouse, and R. Wright, 19–42. Pittsburgh: University of Pittsburgh Press.

72

第五章　制度和政策过程 2.0：制度分析和发展框架的影响

爱德华多·阿拉尔　穆利亚·阿姆里

引　言

73　　　诸多知识在制度和政策过程的文献中广为周知。相关示例文献参见豪利特（Howlett）等（2009）、马奇和奥尔森（1989）、明特罗姆（Mintrom）和威廉姆斯（Williams）（2013）、吴（Wu）和洛克（Knoke）（2013）、米勒（Miller）和德米尔（Demir）（2007）、费舍尔等（2007）、德利翁和沃根贝克（Vogenbeck）（2007）、帕森斯（Parsons）（1995）和麦康奈尔（McConnell）（2013）等。

　　　然而，对制度及其对公共政策和政策过程影响的分析通常较为隐晦并以西方经验为主。议程设置的过程和结果是否因政治制度的类型而异，就像西方自由民主国家与中国的政治制度存在差异，我们却知之甚少。同样，政策子系统的形成、动态过程和绩效是否因政治制度而异？政策工具的效力以及政策执

74　行的过程和结果是否随政治制度而变化，而不管它是不是个多中心的制度？政策制定、政策设计、工具选择和实施的过程是

否因法律渊源而异——换言之，民法与普通法传统是否异流同源？简而言之，制度真的对政策过程很重要吗？

事实上，对最近 20 年该领域的主流期刊——《政策科学》、《政策研究杂志》、《治理》、《公共行政研究和理论杂志》（*Journal of Public Administration Research and Theory*）、《公共行政评论》（*Public Administration Review*）、《公共政策杂志》、《批判性政策研究》和主要的公共政策手册（Oxford，CRC Press and Routledge，Edward Elgar）等——的系统性评估（关键词搜索）表明，这些问题尚未得到充分研究。

我们在本章提出的这些研究问题，是使用制度分析和发展（the Institutional Analysis and Development，IAD）框架提出关于制度和政策过程的比较研究议程的初步尝试。IAD 框架是政策研究文献中被使用最广泛的框架之一（Sabatier 1999）。该框架已被广泛用于研究政治理论、合作、多中心和协同生产、环境治理、自然资源和公共池塘资源、对外援助和发展、城市和基础设施治理等。它已在欧洲、拉丁美洲、亚洲和非洲，被广泛使用，美国对其应用尤甚。

它的成功在很大程度上归功于它的开放性和系统方法，让博弈论、社会学、政治学、经济学、环境科学、法律和发展等领域学者都可以轻松使用该框架。该框架在进行背景分析时特别有用，它通过帮助确定一组变量——物品和行动者的属性，以及制度背景——作为分析的起点。

然而，尽管 IAD 框架具有广泛的吸引力，但它还没有系统地用于研究制度与政策过程之间的关系。在本章中，我们提出了十个关于制度如何影响政策过程的研究问题。我们的目标是开始一个我们将之称为政策过程 2.0 的对话。

在本章的下一部分，我们简要介绍了 IAD 框架及其思想来源，并总结了文献的现状、框架如何演变以及在各类学科中的使用情况。然后，我们概述了政策过程文献的几个启示，以及 IAD 框架如何作为比较制度分析的起点。

IAD 框架

概述

75

IAD 框架是根据印第安纳大学奥斯特罗姆政治理论与政策分析工作室的学者、与之相关学者和该大学其他学者开创的框架，经过了数十年的工作与开发。凯撒（Kiser）和奥斯特罗姆（1982）提出了该框架的初始形式，即通过将这些决策视为受一系列情境因素影响的人类互动输出，从而提供了一个视角来理解集体决策是如何作出的。框架的价值在于它如何列出一套全面的元素，解释每个元素如何与另一元素相关，并阐明制度（规则、规范和策略）如何塑造个体或行动者的利益和互动。

IAD 框架使用基于输入—过程—输出—反馈循环的系统方法来剖析制度的工作。输入是情境因素（外生变量），它影响行动者及其面临的行动情境。行动者如何在行动领域内进行互动就是过程。该过程的结果是集体决策，这些决定是根据一系列标准执行、实施和评估的。随着时间的推移，这些决策（重新）塑造了情境因素。图 5–1 说明了 IAD 框架的主要部分。

76

情境因素（也称为外生变量）由三个广泛的方面组成：物品属性（生物物理条件）、社区属性以及社区成员使用的规则。首先，根据排他性和竞争性特征，特定物品可能具有生物物理

"性质"，如私人物品、收费物品、纯公共物品或公共池塘物品。[①]每种类型的物品都需要进行不同的管理，但后者（公共池塘物品或资源）带来了独特的挑战和机遇，可能导致"囚徒困境"和"公地悲剧"的情况。其次，社区属性包括集体价值观的存在与否，如信任、互惠、共识、社会资本和文化语库。最后，社区使用的正式和非正式规则可以根据它们如何管理以下七个方面来进行评估：地位（即谁可以成为领导者？）、边界（谁可以成为社区成员？）、权威（领导者和执法者有什么权力？）、聚合（来自社区成员的各种输入如何巩固？）、范围（可以从公共池塘资源中提取到什么程度？）、信息（哪些信息是公开的，哪些是封闭的？）和支付（惩罚和奖励的程度和可靠性是什么？）。

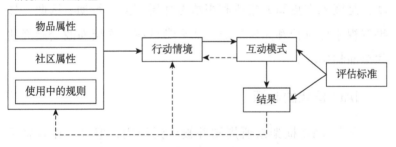

图 5-1　制度分析和发展框架（转引自 McGinnis 2011）

IAD 框架中的过程包含在一个行动情境中，该行动情境基本上是一个"暗箱"，其中"处于各个位置的个体根据信息、他们控制的权力及其面临的收益而采取行动，试图实现产出和

---

① 公共池塘资源理论由奥斯特罗姆（E.Ostrom）提出，它既不同于纯公共物品也不同于私人物品，具有非排他性和竞争性的特点。在公共池塘资源存在着过度使用和拥挤效用的问题。——译者注

结果"（Ostrom，引自 McGinnis 2011）。在这里，行动者被视为理性预期的个体，他们受到情境或外生因素的束缚。可以战略性地分析行动者可能的"动作"，例如，博弈理论模型就被埃莉诺·奥斯特罗姆和她的同事广泛使用（示例参见 Ostrom 1994；Holzinger 2003）。

行动情境的产出与其他行动情境相结合，以在社区层面产生结果。然后将这些结果与社区的"评估标准"进行比较，以确定它们是否具有经济效率、平等、公平、财政问责以及社会参与、合法和符合道德价值观（E. Ostrom 1990）。反过来，将评估结果反馈给情境因素和行动情境。

制度分析和 IAD 框架解释一样，都发生在"三个行动世界"中（Kiser and Ostrom 1982）：宪法层面、集体选择层面和运作层面。这突出表明，在某种更实际的层面上所采取的行动，是嵌入在更高的集体和宪法选择层面上的行动。因此，如果忽视集体选择和宪法层面，那么尝试在运作层面改变制度往往会面临挑战。

IAD 框架的起源

尽管 IAD 框架众所周知并被广泛使用，但是，在其思想渊源上，除了可以追溯到一些政治理论家之外，其他的源起却鲜为人知。政治理论指的是"所有努力去理解治理（和公共政策）的制度基础，特别是如何将哲学原理和规范价值与现实世界政治制度中实施这些原理和价值观的实际挑战联系起来"（V. Ostrom，引自 McGinnis 2011）。例如，政治理论可以有助于政策研究者提出这样的问题，黄金法则的规范价值（对别人做你想要别人对你做的事情）或卢梭的原则（为最大多数人争取最大利益）是否可能被转化到制度和政策设计的现实世界之中？

支持 IAD 框架的政治理论和奥斯特罗姆研究中心研究议程汇编，都可以追溯到托克维尔、霍布斯、汉密尔顿、卢梭、麦迪逊、哈耶克、休谟、孟德斯鸠、波兰尼等人的传统。其中，霍布斯、托克维尔和《联邦党人文集》（ *Federalist Papers* ）在奥斯特罗姆研究中心的思想传统中占据中心位置。霍布斯使用了一种规范的探究方法——基于这样的假设：个人是自私的并且被他们的激情（自然状态）驱使——得出结论：利维坦（或绝对主权）是建立和维持社会契约的核心，以管理一个追求自我的个人的社会。

与利维坦相反的是托克维尔的《论美国的民主》（ *Democracy Ameria* ），他在其中解释了民主如何在北美而不是在欧洲流行。托克维尔的结论是，美国民主成为可能，主要是基于三个因素：①北美大陆的地理特征（使其不易受到欧洲权力关系错综复杂的影响）及其丰富的自然禀赋（以支持殖民的发展）；②英美殖民者的特点——他们的"心灵和思维习惯"；③他们建立的机构——教堂、陪审团、乡镇。这三个变量最终成为 IAD 框架的情境基础（见图 5-1）。 78

除了霍布斯和托克维尔之外，IAD 框架和奥斯特罗姆研究中心的研究议程也受到了《联邦党人文集》的显著影响。设计 IAD 框架和其他诊断工具就是为了帮助回答这一基本研究问题。

IAD 文献的现状

奥斯特罗姆（2007）概述了如何利用各种形式的 IAD 框架来探索制度发展。早在 20 世纪 70 年代，奥斯特罗姆及其同事就已经在探讨与多中心和大都市治理相关的问题，包括警察机关管理（Ostrom 1972；Ostrom et al. 1973；Parks 1985）。他们与其他研究人员一起发现，公共安全不能仅由警察创造，而必须包括公民的积极作用，他们提出了共同生产的概念。奥斯特罗姆（1965）也是在研究洛杉矶地区地下水流域管理时首批强调公共企业家问题的学者之一。

IAD 的最大应用领域是对公共池塘资源的研究。从 1986 年由国家研究委员会组织的关于公共财产研究的研讨会开始，该领域的学者们进一步建立了关于该主题的国际网络，并且收集了丰富的文献。国际公共研究协会（The International Association for the Study of the Commons，IASC）成立于 1989 年，每两年举行一次会议。学者们已经开发了各种模型和理论（例如，Ostrom 1994；Weissing and Ostrom 1991，1993）并通过实验予以检验（例如，Casari and Plott 2003；Cardenas 2000）。

奥斯特罗姆研究中心开发了一个广泛的、来自世界各地的公共池塘资源案例研究数据库（Ostrom 2007）。虽然案例研究是由许多不同背景的学者撰写的，但（用 IAD 框架予以识别的）有关制度变量的具体信息被提取和结构化，使世界各地大量公共池塘资源的各个方面都可用于交叉分析。这些分析的例子包括对管理公共池塘资源的稳健、脆弱和失败的制度进行比较（Ostrom 1990），以及对世界近海渔业（Schlager 1994）和灌溉系统（Tang 1991）的更具体分析。特别是灌溉系统和林业管理的主题已经产出了大量研究，并有助于建立一个广泛的 IAD 框架生成数据库。

最近，IAD 和其他与新制度经济学相关的框架被用来剖析与各种问题有关的制度，如经济发展（Shirley 2008）、水治理（Saleth and Dinar 2004；Pérard 2009）、土地所有权（Di Tella et al. 2004）、土地利用（Donnelly 2009）、公地气候适应（Araral 2012）、林业（Andersson 2003；Hayes 2007；Pacheco 2006；Persha and Blomley 2009，Jagger 2009；Marquez Barrientos 2011）、流域和河流盆地（Myint 2005；Heikkila，Schlager and Davis 2011），以及全球公域（McGinnis Ostrom 1996）等。

除了公共池塘自然资源之外，IAD 框架也被用于知识共享（Hess and Ostrom 2006）、发展中国家的基础设施（Ostrom，Schroeder and Wynne 1993）、财产权（Kauneckis 2005；Mwangi 2003）、捐赠者—受助者关系（Araral 2008）、公共住房（Choe 1992）、非营利组织（Eliott-Teague 2007）、社会困境（Ahn 2001；Araral 2009）、利比里亚的和平与民族建设（Sawyer 2005）、国外援助（Gibson，Williams and Ostrom 2005）以及许多其他主题。

学者们还建立了侧重于与 IAD 某些方面略有不同的并行框架，例如情境、结构和绩效框架（Schmid 2004）。IAD 框架本身也在不断发展，其中一个发展就是：社会—生态系统框架，即对制度的生物物理和生态基础予以均等的关注（McGinnis 2011）。

政策过程的启示

在本节中，我们将弥补文献中对政策过程启示的空白。我们从议程设置、政策子系统、政治和政策、工具选择、实施、学习和同构、语言和思想的作用以及开发一套诊断工具的重要性等方面探讨了制度理论对政策过程文献的若干启示。IAD 框 80 架反过来可以通过提供政策过程比较制度分析的框架，来将这一具有前景的研究议程系统化。

议程设置

IAD 框架和奥斯特罗姆的制度分析方法可以帮助重新制定关

于议程设置的辩论和问题，其方式如下：**议程设置的过程和结果是否因政治制度的类型而异？如果是，如何以及为什么不一样？**

在一般的议程设置文献中，政治制度的重要性并不经常被明确地予以识别——相关示例参见帕森斯（1995）以及最近的格林－佩德森（Green-Pedersen）和沃尔格雷夫（Walgrave）（2014）对文献的广泛回顾。

金登（1984）的经典议程设置模式，可能是一个适当的隐喻，反映了成熟的自由民主国家的政党、智囊团、利益集团、官僚机构和媒体在形成政策议程中发挥的重要作用。然而，对于非自由民主国家而言，情况可能并非如此，因为这些参与者软弱无力或根本不存在。与政治传统更加多元化的国家相比，在国家代理人容易被既得利益集团俘虏的国家，议程设置更具可预测性。尽管存在这些明显的差异，但政策过程研究学者几乎没有研究政治制度的变化如何影响议程设置的过程和结果。

政策子系统

这就引出了我们的第二个研究问题：**政策子系统的形成、动态和表现是否因政治制度而异？如果是，如何以及为什么不一样？**

研究人员已经广泛研究了影响政策子系统结构和动态的因素。例如，文献检验了可能对子系统本身的结构和活动产生影响的公共性、灾难性事件，不断变化的政府优先事项、选举、媒体报道、对问题定义的修正、政策企业家参与推动新政策、经济或社会条件的变化或其他政策领域决策的重要性。

81　　奇怪的是，文献没有系统地研究政治和经济制度的变化如何影响**政策子系统的形成、结构、动态和绩效**。制度主义学者会指出明显的事实：政策子系统不能脱离其制度背景。不同的制度背景产生了不同的政策子系统和倡导联盟。

这显然意味着，仅仅提出政治影响政策和政策影响政治的一般性论点已经不够了。相反，学者必须更进一步，以显示某些政治制度——例如议会民主制、一党制国家、君主制社会或联邦结构——在政策子系统、过程或实施方面的重要性。

政策工具

这就引出了我们的第三个研究问题：**政策工具的效力是否因政治制度而异？如果是，如何以及为什么不一样？**

第三，**政策工具的有效性或效率**不能脱离其制度基础。例如，新自由主义国家与秩序自由主义民主国家（即德国）相比，监管机构和基于市场的政策工具效力会有所不同。在新自由主义的环境中，基于市场的工具，如激励、产权、合同和私人行动者等发挥着重要作用。相反，在秩序自由主义环境中，政府规制生硬的工具设定了市场的结构、动态和表现。

规制工具的效力还取决于规制机构的监督和执法能力以及它们从既得利益阶层那里获得的自主权。与发展中经济体相比，发达经济体具有更强的监督和执法能力，以及它们通常会从既得利益阶层那获得的更大的自主权。此外，财政和货币政策工具的影响还取决于一个国家是否有议会或总统形式的政府。由于选举周期和联盟政治，议会政府往往会产生更大的预算赤字。

政策执行

这就引出了我们的第四个研究问题：**政策执行是否因政治制度而异？如果是，如何以及为什么不一样？**

第四，**政策执行的有效性**显然取决于其制度基础——即国

82

家是联邦／多中心还是单一制、集权或分权，以及秩序自由主义还是新自由主义。在联邦制国家，联邦政策通常由各州执行，这些州享有一定程度的独立性，从而对政策实施产生了挑战。

以多中心治理体系为例。麦金尼斯（McGinnis）（2011）描述的一种多中心体制具有以下特征：①多层次（如地方、省、国家、区域、全球治理单位）；②多种类型［如适用于一般目标的嵌套管辖区（在传统联邦制内）和专门的、跨辖区的政治单位（如特区）］；③多部门（如公共、私人、志愿者、社区和混合型组织）；和④多功能［如整合提供（决策）、生产（或共同生产）、融资、协调、监督、制裁和争议解决的这些功能的专门单位］。

相较于集中的、自上而下的治理形式，在这种治理环境中实施政策显然会有一种不同的政策执行挑战。在多中心／联邦体制中，联邦当局必须采用创新机制来激励各州将其优先事项与联邦保持一致。这意味着在各州中会使用配套和有条件的补助、协调机制、规范和道德劝说等政策工具。在具有较弱能力的更集权的环境中（例如缅甸），这些政策工具（例如配套拨款）可能不太有效。

政策执行也因自由主义和秩序自由主义政治环境而异。在中国香港地区，一个典型的自由市场经济，市场力量和基于市场的工具在公共住房、教育和交通等领域发挥着主导作用。相比之下，在像新加坡这样的秩序自由主义经济体中，政府在这些政策领域，主要是通过规制和所有权发挥着更为突出的作用。

法律传统

这就引出了我们的第五组研究问题：**政策制定、政策设计、**

工具选择和实施的过程是否因法律渊源而异？我们是否能在大陆法系国家 ——德国、法国、中国、俄罗斯和斯堪的纳维亚国家——以及澳大利亚、英国、加拿大、印度和南非等判例法系国家内观察到这些变化？

法律传统（即判例法系或大陆法系及其之间的差异，如法国、德国、社会主义国家和斯堪的纳维亚大陆法系国家）对公共政策的制定和执行具有不同的含义。理论上，在遵循判例法系的国家，法律先例为公共政策创造了比在大陆法系国家更强的路径依赖性。此外，在判例法系国家，法院在塑造规制框架方面，如合同和侵权法，发挥着更积极的作用。正如达马什卡（Damaška）（1986）所指出的那样，大陆法系是以政策实施为导向，而判例法系则是以解决争议为导向。

在经验验证上，拉博塔（La Porta）等学者（1997，1998，2008）发现①法律传统的影响可以进行实证研究；②不同的法律起源可以帮助解释金融部门发展的差异（La Porta et al. 1998）、银行所有权（La Porta et al. 2002）、准入管制负担（Djankov et al. 2002）、劳动力市场规制（Botero et al. 2004）、军事征兵的发生率（Mulligan and Shleifer 2005 a，b），以及政府对媒体的所有权（Djankov et al. 2003）。

尽管有大量的实证文献显示了法律起源与某些经济和非经济结果之间的关系，但政策研究学者还没有系统地研究其含义。例如，在主流期刊《政策科学》《政策研究》《治理》《公共行政研究和理论杂志》《公共行政评论》过去 20 年中的文献（关键词搜索）系统评估证明了这一点。

政策学习、同构和政策转移

这就引出了我们的第六个研究问题：**政策学习、同构和政**

策转移是否因制度环境而异？如果是，如何以及为什么不一样？

84　　政策学习、同构和政策转移同样可以对制度情境产生敏感性。允许国家或地方政府之间竞争或拥有开放、有竞争力的经济体的国家，与没有类似竞争压力的国家相比，有更快学习或创新的动力。

拥有强大专业官僚机构的国家比官僚机构较弱的国家有可能更好、更快地学习。较之交易成本高的国家，交易成本相对较低的国家——例如，由于强大的法治——更有可能更快、更有效地学习。因此，面临强大竞争压力但具有高质量官僚制度和强大法治的地区——例如中国香港地区和新加坡——往往表现出更高水平的政策学习、同构和政策转移。

中国是一个可以对其进行政策学习、同构和政策转移研究的有趣案例。例如，中国最重要的政策改革——经济、社会、法律、政治、行政——通常会经历政策学习、实验、评估和国家复制的过程。在政策学习和转移问题上，中国遵循"摸着石头过河"的原则。

观念、语言和推理

这就引出了我们的第七个研究问题：**我们是否也可以将政治概念化为联合的艺术和科学，而不仅仅是权力配置和冲突这样的传统术语？如果可以，语言、观念和推理在这种政治的重新定义中的作用是什么？**

20 世纪 90 年代政策研究文献中的概念转变大多都得出了一个结论，观念确实对政策和制度的发展很重要（Schmidt 2008）。该文献基本上检验了观念如何影响政策的发展（Blyth 1997；Braun 1999；Hall 1993；Howlett and Rayner 1995；Chadwick 2000）。

然而，在政策研究文献中，观念转变并不新鲜。文森特·奥斯特罗姆（Vincent Ostrom）对语言、推理和观念的关注比 20 世纪 90 年代蓬勃发展的政策研究文献中出现的"概念转变"要早三十年。埃莉诺·奥斯特罗姆在挑战隐喻的、传统且悲观的公地悲剧观点和囚徒困境时，也探讨了同样的主题。

奥斯特罗姆夫妇得出结论认为，**沟通、推理、竞争、理解和承诺**的能力使得有可能通过理性和选择来设计制度，而不是通过遭受意外、武力、悲剧或困境来进行设计。这一点很重要，因为制度和政策是人类的产物，需要沟通、推理、理解和承诺，才能有效地影响人类行为。

实际上，语言是文化发展和多种治理形式（如多中心）的核心，而这反过来又对政策和制度设计、实施、议程设定、行动者和联盟、政策学习和变化的政治，以及确实对政策研究中的观念转变产生重要影响。

多中心与公共企业家

奥斯特罗姆夫妇致力于多中心制度设置的研究——即多层次、多功能、多类型和多部门设置。IAD 框架——部分——的灵感来自需要为学者提供诊断工具，用以研究和比较机构的原因和后果。然而，关于多中心性的文献在政策研究文献中仍未得到充分重视。围绕多中心社会秩序的**有效性、效率、公平性和政治可行性**，许多问题已经被提出。

首先，外部性——政策制定者关注的一个主要问题——如何通过制度设计来内化？例如，欧盟各成员国在欧盟的贸易、财政、劳动和货币政策的负外部性已在布鲁塞尔内化和统一。事实证明，共同财政政策的政治更加困难，因为它被视为主权问题。例如，在美国西南部，科罗拉多河流域的水资源分配政

85

策已通过由各利益相关者组成的且代表他们利益的区域机构来得到解决。

这两个看似截然不同的例子提出了一些关于政策设计、工具选择、实施和评估的制度理论的重要问题：**如何处理负外部性问题？在处理多中心与非多中心治理体制中的负外部性时，政策工具选择会产生什么影响？**

关于多中心分配效率的第二个重要问题涉及各个政府单位在合作关系中开展互利联合活动的程度。具体包括这些合作安排如何演变或没有变化？这些安排有多有效？从协作治理文献在美国非常流行，可以看出这个问题尤为重要。

86　　第三，同样，是否有其他决策安排来处理和解决不同政府单位之间的冲突？在许多其他冲突难以处理的情况下，有可能出现的问题是不同的政府单位之间缺乏有效方法来规范负外部性问题，政府各单位之间也没有建立合作关系来开展互利的联合活动。

围绕多中心性的有效性和效率的这三个问题又进一步提出了一个尚未在文献中恰当研究的重要问题：公共企业家的作用。由于政策无力或政策僵局会真实出现，公共企业家精神对多中心的社会秩序模式效率具有特别重要的意义，这一主题尚未得到政策研究学者的充分关注。

在这里，值得注意的是，奥斯特罗姆研究中心对公共企业家的关注要比金登（1984）多源流和窗口框架以及萨巴蒂尔（1988）倡导联盟框架的文献早二十年。事实上，埃莉诺·奥斯特罗姆（1965）的学位论文就是关于 20 世纪 50 年代公共企业家在解决洛杉矶水危机的作用。

情境分析的诊断工具

IAD 框架的一个主要突出特征是强调情境对政策和制度分

析的重要性。进行情境分析需要开发一套诊断工具。为此，奥斯特罗姆研究中心为发展和优化政策研究文献可借鉴的工具和方法库作出了重大贡献：在众多方法中有比较制度分析、批判案例研究、托克维尔分析、多层次分析、实验室和田野实验，以及分析性叙事、历史和演化制度分析、代理人模型、博弈论建模、制度计量分析、神经网络分析、地理信息系统等（参见 Poteete，Janssen and Ostrom 2009 ）。

对政策研究文献的粗略回顾表明，这些诊断工具在奥斯特罗姆研究中心网络之外仍未得到充分利用。部分原因是，公共 87 政策领域的博士训练仍然以成本效益分析、计量经济分析、定性研究方法等传统工具为主。

从效率到民主治理

最后，除了 IAD 框架和制度理论之外，奥斯特罗姆研究中心对政策研究文献的一个重要贡献是提醒学者们应该将关注范围扩大到效率、公平、有效性和政治可行性之外，以便明确**考虑规范的社群主义价值观，如合法性、公平性、问责制、自治和公民权。**

对于奥斯特罗姆夫妇来说，这些价值观本身就很重要。然而，他们也关注民主治理机构的可行性、稳健性或脆弱性等较大问题。确实，文森特·奥斯特罗姆的经典作品——《民主的意义及其脆弱性》(*The Meaning of Democracy and Its Vulnerability*)《复合共和国的政治理论》(*The Political Theory of a Compound Republic*)《美国公共行政的知识危机》(*The Intellectual Crises of American Public Administration*)——都关注他们的核心思想，即民主 / 多中心治理的可行性和脆弱性。

同样，埃莉诺·奥斯特罗姆关于公地治理的制度演变，以及集体行动、社会资本、信任和互惠以及制度多样性等第二代理论的工作，都代表了文森特研究工作的微观镜像。奥斯特罗姆研究中心的研究计划——释义托克维尔——的核心问题是，有限理性个体的社会是否能够通过反思和选择（联邦主义者的论证）来设计人类宪法，或者他们是否永远注定要成为霍布斯式暴力、事故、悲剧、困境或浮士德式交易的受害者。

总　结

总之，我们提出了十个研究问题，以试图提出一个关于制度和政策过程的比较研究议程。我们认为 IAD 框架在回答这些问题时非常有用，因为它是开放式、多学科、诊断和系统的研究路径。我们希望这些研究问题有助于重新启动对制度研究和政策过程的兴趣。

参考文献

88　Ahn, T.K. 2001. 'Foundations for cooperation in social dilemmas.' Ph.D dissertation. Bloomington, IN: Indiana University.

Andersson, Krister. 2003. What Motivates Municipal Governments? Uncovering the Institutional Incentives for Municipal Governance of Forest Resources in Bolivia. *Journal of Environment & Development* 12 (1):5-27.

Araral, E. 2008. The strategic games that donors and bureaucrats play: An institutional rational choice analysis. *Journal of Public Administration Research and Theory* 9: 853–871.

Araral, E. 2009. 'What explains collective action in the commons? Theory and evidence from the Phillipines,' *World Development* vol. 37, no. 3, 687–697.

Araral, E. 2012. "A Transaction Cost Approach to the Analytics of Climate Adaptation: Insights from Coase, Ostrom and Williamson". *Environmental Science and Policy.* http://dx.doi.org/10.1016/j.envsci.2012.08.005

Araral, Eduardo Jr., Scott Fritzen, Michael Howlett, M. Ramesh and Xun Wu, eds. 2013. *Routledge handbook of public policy.* London/New York: Routledge.

Blyth, Mark M. 1997. "Any more bright ideas?" The ideational turn of comparative political economy. *Comparative Politics* 29:2, 229–50.

Botero, Juan C., Simeon Djankov, Rafael La Porta, Florencio Lopez-de-Silanes, and Andrei Shleifer. 2004. The Regulation of Labor. *The Quarterly Journal of*

Economics 119 (4): 1339-1382. doi: 10.1162/0033553042476215

Braun, D. 1999. "Interests Or Ideas? an Overview of Ideational Concepts in Public Policy Research." In *Public Policy and Political Ideas*, ed. D. Braun and A. Busch. Cheltenham: Edward Elgar, 11-29.

Cardenas, Juan-Camilo. 2000. "How Do Groups Solve Local Commons Dilemmas? Lessons from Experimental Economics in the Field." *Environment, Development and Sustainability* 2:305–322.

Casari, Marco, and Charles R. Plott. 2003. "Decentralized Management of Common Property Resources: Experiments with a Centuries-Old Institution." *Journal of Economic Behavior and Organization* 51:217–247.

Chadwick, Andrew. 2000. "Studying Political Ideas: A Public Political Discourse Approach." *Political Studies*. 48: 283–301

Choe, Jaesong. 1992. 'The organization of urban common-property institutions: The case of apartment communities in Seoul.' Ph.D dissertation. Bloomington, IN: Indiana University.

Damaška, Mirjan R. 1986. *The Faces of Justice and State Authority*. New Haven: Yale University Press.

DeLeon, P., and D.M. Vogenbeck. 2007. The policy sciences at the crossroads. In *Handbook of public policy analysis: Theory, politics and methods*, edited by F. Fisher, Miller, G.J., and Sidney, M. NewYork: CRC Press.

Di Tella, Rafael, Sebastian Galiani, and Ernesto Schargrodsky. 2004. Property Rights and Beliefs: Evidence from the allocation of land titles to squatters. Ronald Coase Institute Working Paper Series No. 4, September 2004.

Djankov, Simeon, Caralee McLeish, Tatiana Nenova, and Andrei Shleifer. 2003. "Who Owns the Media?" *Journal of Law and Economics*, University of Chicago Press, vol. 46(2), pages 341-81, October.

Djankov, Simeon, Rafael La Porta, Florencio Lopez-de-Silanes, and Andrei Shleifer. 2002. The Regulation of Entry. *The Quaterly Journal of Economics*, Vol. CXVII: 1.

Donnelly, Shanon. 2009. 'Linking land use, land cover, and land ownership at the parcel scale in the midwest United States'. Ph.D dissertation. Bloomington, IN: Indiana University.

Elliott-Teague, Ginger. 2007. 'NGOs in policymaking in Tanzania: The relationships of group characteristics, political participation and policy outcomes'. Ph.D dissertation. Bloomington, IN: Indiana University.

Fischer, Frank, Gerald Miller, and Mara S. Sidney. 2007. *Handbook of public policy analysis: theory, politics, and methods*, vol 125. Boca Raton: CRC Press.

Gibson, C.C., J.T. Williams and E. Ostrom. 2005. 'Local enforcement and better forests', *World Development* 33(2): 273–84.

Green-Pedersen, Christoffer, and Stefaan Walgrave. 2014. *Agenda Setting, Policies, and Political Systems: A Comparative Approach*. The University of Chicago Press.

Hall, Peter A. 1993. "Policy Paradigms, Social Learning and the State: The Case of Economic Policy Making in Britain." *Comparative Politics*. 25, no. 3: 275-96.

Hayes, T.M., 2007. Does tenure matter? A comparative analysis of agriculturalexpansion in the Mosquitia Forest Corridor. *Human Ecology* 35 (6), 733–747.

Heikkila, Tanya, Edella Schlager and Mark W. Davis. 2011. 'The role of cross-scale

89

institutional linkages in common pool resource management: Assessing inter-state river compact'. *Policy Studies Journal* 39(1): 121–45.

Hess, C. and E. Ostrom. 2006. Understanding Knowledge as a Commons. Cambridge, MA: MIT Press.

Holzinger, Katharina. 2003. Common goods, matrix games and institutional response. *European Journal of International Relations* 9(2): 173–212. Doi: 10.1177/1354066103009002002.

Howlett, M., and J. Rayner. 1995. Do Ideas Matter? Policy Subsystem Configurations and the Continuing Conflict Over Canadian Forest Policy. *Canadian Public Administration* 38 (3):382-410.

Howlett, Michael, M. Ramesh, and Anthony Perl. 2009. *Studying public policy:Policy cycles & policy subsystems.* Don Mills: Oxford University Press.

Jagger, P. 2009. Forest sector reform, livelihoods and sustainability in western Uganda. In *Governing Africa's forests in a globalized world*, eds. German, L., Karsenty, A. and Tiani, A.M. Washington, DC: Earthscan, and Bogor, Indonesia: CIFOR.

Kauneckis, Derek. 2005. 'The co-production of property rights: Theory and evidence from a mixed-right system in southern Mexico'. Ph.D dissertation. Bloomington, IN: Indiana University.

Kingdon, John W. 1984. *Agendas, alternatives, and public policies.* Boston: Little, Brown.

Kiser, Larry L., and Elinor Ostrom. 1982. "The three worlds of action: A metatheoretical synthesis of institutional approaches". In *Strategies of political inquiry*, ed. Elinor Ostrom. Beverly Hills: Sage Publications.

La Porta, Rafael, Florencio Lopez-de-Silanes, and Andrei Shleifer. 2002. "Government Ownership of Banks". *Journal of Finance*, 57(1): 265–301.

La Porta, Rafael, Florencio Lopez-de-Silanes, and Andrei Shleifer. 2008. The Economic Consequences of Legal Origins. *Journal of Economic Literature*, 46:2, 285–332.

La Porta, Rafael, Florencio Lopez-de-Silanes, Andrei Shleifer, and Robert W. Vishny. 1997. "Legal Determinants of External Finance". *Journal of Finance*, 52(3): 1131–50.

La Porta, Rafael, Florencio Lopez-de-Silanes, Andrei Shleifer, and Robert W. Vishny. 1998. "Law and Finance". *Journal of Political Economy*, 106(6): 1113–55.

March, J., and J. Olsen. 1989. *Rediscovering institutions.* New York: Free Press.

Marquez Barrientos, L.I., 2011. *The Effect of Institutions on Guatemalan Forests: Conceptual, Methodological and Practical Implications.* Ph.D dissertation. Bloomington, IN: Indiana University.

McConnell, Allan. 2013. Learning from success and failure? In *Routledge Handbook of Public Policy*, edited by E. Araral, S. Fritzen, M. Howlett, M. Ramesh, and X. Wu. New York, NY: Routledge.

McGinnis, Michael D., ed. 2011. An introduction to IAD and the language of the Ostrom Workshop: A simple guide to a complex framework. *Policy Studies Journal* 39(1): 169–183. doi:10.1111/j.1541-0072.2010.00401.x.

McGinnis, Michael and Elinor Ostrom. 1996. 'Design principles for local and global commons'. In *The International Political Economy and International Institutions*, ed. Oran R. Young. Vol. 2. Cheltenham: Edward Elgar.

90

Miller, Hugh T. and Tansu Demir. 2007. Policy Communities. In *Handbook of Public Policy Analysis: Theory, Politics, and Methods,* edited by F. Fischer, G. J. Miller, and M. S. Sidney. New York, NY: Taylor & Francis.

Mintrom, Michael, and Claire Williams. 2013. Public policy debate and the rise of policy analysis. In *Routledge handbook of public policy,* ed. Eduardo Jr Araral, Scott Fritzen, Michael Howlett, M. Ramesh and Xun Wu, xviii, 528 p. London/ 91 New York: Routledge.

Mulligan, Casey B., and Andrei Shleifer. 2005a. The extent of the market and the supply of regulation. *The Quarterly Journal of Economics.* November 2005.

Mulligan, Casey B., and Andrei Shleifer. 2005b. "Conscription as Regulation", *American Law and Economics Review*, VII, 85–111.

Mwangi, Esther. 2003. 'Institutional change and politics: The transformation of property rights in Kenya's Maasailand'. Ph.D dissertation. Bloomington, IN: Indiana University.

Myint, Tun. 2005. 'Strength of "weak" forces in multilayer environmental governance: Cases from the Mekong and Rhine River basins'. Ph.D dissertation. Bloomington, IN: Indiana University.

Ostrom, Elinor, Larry Schroeder and Susan Wynne. 1993. *Institutional Incentives and Sustainable Development: Infrastructure Policies in Perspective.* Boulder, CO: Westview Press.

Ostrom, Elinor, Roger B. Parks, and Gordon P. Whitaker. 1973. Do we really want to consolidate urban police forces? A reappraisal of some old assertions. *Public Administration Review* 33(5): 423–432.

Ostrom, Elinor. 1965. *Public entrepreneurship: A case study in ground water basin management.* Ph.D dissertation. ProQuest: UMI Dissertations Publishing.

Ostrom, Elinor. 1972. 'Metropolitan reform: Propositions derived from two traditions', Social Science Quarterly 53: 474–93.

Ostrom, Elinor. 1990. *Governing the commons: The evolution of institutions for collective action.* Cambridge: Cambridge University Press.

Ostrom, Elinor. 1994. *Rules, games, and common-pool resources.* Ann Arbor: Michigan University Press.

Ostrom, Elinor. 1998. A behavioral approach to the rational Choice Theory of Collective Action: Presidential Address, American Political Science Association.

Ostrom, Vincent. 1999. Polycentricity (original 1972). In *Polycentricity and local public economies: Readings from the Workshop in Political Theory and Policy Analysis*, ed. Michael D. McGinnis, 405 p. Ann Arbor: University of Michigan Press.

Ostrom, Elinor. 2005. Doing institutional analysis: digging deeper than markets and hierarchies. In *Handbook of new institutional economics,* ed. Claude Ménard and Mary M. Shirley, xiii, 884 p. Dordrecht/Great Britain: Springer.

Ostrom, Elinor. 2007. Institutional rational choice: An assessment of the institutional analysis. In *Theories of the policy process,* ed. Paul A.Sabatier. Boulder: Westview Press.

Ostrom, Vincent. 1975. Public choice theory: A new approach to institutional economics. *American Journal of Agricultural Economics* 57(5): 844–850.

Pacheco, Pablo. 2006. Agricultural expansion and deforestation in lowland Bolivia: 92 the import substitution versus the structural adjustment model. Land Use Policy, Volume 23, Issue 3, July 2006, Pages 205–225.

Parks, Roger B. 1985. "Metropolitan Structure and Systemic Performance: The case of police service delivery". In Policy Implementation in Federal and Unitary Systems, eds. Kenneth Hanf and Theo A. J. Toonen. Dordrecht: Martinus Nijhoff.

Parsons, D.W. 1995. Public policy: an introduction to the theory and practice of policy analysis. Edward Elgar.

Persha, L. and T. Blomley. 2009. Management decentralization and montane forest conditions in Tanzania. Conservation Biology 23(6): 1485–1496.

Pérard, Edouard. 2009. "Water supply: Public or private? An approach based on cost of funds, transaction costs, efficiency and political costs". Policy and Society 27: 193–219.

Poteete, Amy, Marco Janssen and Elinor Ostrom. 2010. Working Together: Collective Action, the Commons, and Multiple Methods in Practice. Princeton, NJ: Princeton University Press.

Sabatier, Paul A. 1988. An advocacy coalition framework of policy change and the role of policy-oriented learning therein. *Policy Sciences* 21(2/3): 129–168. doi:10.1007/BF00136406.

Sabatier, Paul A. 1999. The need for better theories. In Theories of the policy process, edited by Paul A. Sabatier. Boulder, Colo: Westview Press.

Sabatier, Paul A., and Hank C. Jenkins-Smith. 1999. The advocacy coalition framework: An assessment. In Theories of the policy process, edited by Paul A. Sabatier. Boulder, Colo: Westview Press.

Saleth, R. Maria, and Ariel Dinar. 2004. Institutional Economics of Water: A Cross-country Analysis of Institutions and Performance. Edward Elgar Publishing.

Sawyer, Amos. 2005. Beyond Plunder: Toward Democratic Governance in Liberia. Lynne Rienner Publishers.

Schlager, Edella. 1994. "Fishers' Institutional Responses to Common-Pool Resource Dilemmas". In Elinor Ostrom, Roy Gardner, and James Walker, eds., Rules, Games, and Common-Pool Resources, pp. 247–266. Ann Arbor: University of Michigan Press.

Schmid, A. Allan. 2004. Conflict and Cooperation. Blackwell Publishing.

Schmidt, Vivien A. 2008. Discursive institutionalism: The explanatory power of ideas and discourse. *Annual Review of Political Science* 11: 303–326.

Shirley, Mary M. 2008 Institutions and Development: Advances in New Institutional Analysis. Edward Elgar.

Tang, Shui Yan. 1991. "Institutional Arrangements and the Management of Common-Pool Resources". Public Administration Review 51: 42–51.

Weissing, Franz J., and Elinor Ostrom. 1991. Irrigation Institutions and the Games Irrigators Play: Rule Enforcement without Guards. In Game Equilibrium Models II: Metods, Morals, and Markets, ed. Reinhard Selten, 188–262. Berlin: Springer-Verlag.

Weissing, Franz J., and Elinor Ostrom. 1993. Irrigation Institutions and the Games Irrigators Play: Rule Enforcement on Government- and Farmer-Managed Systems. In Games in Hierarchies and Networks: Analytical and Empirical Approaches to the Study of Governance Institutions, ed. Fritz W. Scharpf, 387–428. Frankfurt: Campus Verlag; Boulder, CO: Westview Press.

Wu, Chen-Yu and David Knoke. 2013. Policy Network Models. In *Routledge Handbook of Public Policy*, edited by E. Araral, S. Fritzen, M. Howlett, M. Ramesh, and X. Wu. New York, NY: Routledge.

93

第六章　观念的转变：间断均衡
理论的起源与演变

丽贝卡·艾斯勒　安妮莉丝·罗素　布莱恩·D.琼斯

1956年6月，参议员克林顿·安德森（Clinton Anderson）95
（明尼苏达洲民主党人）召开了原子能联合委员会会议，讨论
核事故责任和加速新的民用原子能计划。虽然听证会上的大多
数人都认为反应堆内部和周围的安全值得关注，但很多人却都
迫不及待地想看到反应堆项目的积极成果。一年后，安德森
本人起草了一项法案，赔偿核工业企业因核事故而提起的索
赔——这激励企业进入核领域中。在核能问题上，田纳西州的
民主党参议员老阿尔·戈尔（Al Gore，Sr.）在1956年的听证
会中对许多政策制定者的观点作了最好的描述："如果你仔细阅
读那份报告……他们指出，任意地使用牙科X射线和医学治疗
是一种比反应堆项目危险得多的辐射。"

一代人后，小阿尔·戈尔（Al Gore，Jr.）因他的工作而获 96
得奥斯卡奖，他对美国能源的未来提出了截然不同的观点。在
2006年的一次采访中，小戈尔说，他怀疑核能在未来会发挥
更大的作用，因为他所面临的当代现实问题是，核能问题的形

成及其对它的关注似乎与他父亲看到的大不相同。事实上，关于核能的争论在 20 世纪 70 年代和 80 年代达到顶峰，当时的论调从积极、支持核能转向了消极、反对核能（Baumgartner and Jones 2009）。那么，这种如此激烈的动态转变是如何发生的呢？政策变化的过程又是怎样的？虽然早期政策学者认为政策的渐进式转变是常态，但核能从一个"民用能源"问题向一个"安全和环境"问题的急剧转变表明，一些政策可能并不总是由渐进式的变化来主导。这种断续的或脱节的变化过程，就是布莱恩·琼斯和弗兰克·鲍姆加特纳所论述的间断均衡理论（Punctuated Equilibrium Theory，PET）的基本原理，他们主张我们应该通过 PET 来理解政策变化。

PET 描述了一个比之前的渐进主义理论更难预测的过程，它将政策过程描述为突然的政策转变和长期的稳定结合，或者被这些转变分割开来的渐进改变。这一论点最初适用于议程设置的概念，在这个概念中，政府行动（或缺乏行动）的新提议是在不连续的政策过程背景下提出的。但是，多年来，PET 的发展已经超越了它最初在《美国政治中的议程和不稳定性》（*Agendas and Instability in American Politics*）中出现的研究范围，而致力于解决大范围的跨机构政策过程的诸多方面（2009）。间断均衡最初是研究美国联邦政府议程变化的理论，但许多作者很快发现，该框架也适用于议程设置的基本机制。研究政策注意力和框架的测量——作为议程设置的基本组成部分，这非常关键，但在他们自己的权利范围内来考虑也相当重要——的学者利用 PET 框架来理解政策如何被定义以及何时转变。当研究超出了注意力范围，开始整合信息过程组件并以此为基础来进行政策构建时，这些核心组成部分甚至被进一步分解得更加细微。信息开始构成政策过程的基本要素，是框架和议程设置的高阶研究的基础。

PET 在公共政策文献中的适用，不仅是因为它的普遍性和已被广泛的采用，更重要的是由于学者们努力更好地重新提炼和理解 PET 分析的组成部分。PET 不是议程设置的同义词，97 而是一种理论，适用于政策过程的许多方面，如果单独来看，这只是对议程变化的部分解释。通过解构传统的议程设置组件，如注意力、框架和信息，并研究信息处理和注意力分配的作用，我们可以更全面地了解世界各地跨越不同机制的政策变化。

PET 前传

PET 一开始是对强调增量调整的政策模型的回应，但没有考虑到导致大规模政策变化的高度关注时期。鲍姆加特纳和琼斯认为，政策变化往往是不连续的、时断时续的和不可预测的（2009）。20 世纪 50 年代和 60 年代早期的政策过程模型将政策的决策过程描述为渐进的且具有稳定的政治秩序。人们认为，现状偏差在很大程度上仍然没有改变，通过改变规范或规则（Wildavsky 1964）和参与者同意的"党派间的相互调整"（Lindblom 1959）实现了微小的调整。增量方法似乎在正常情况下是有益的，因为它意味着政策制定者是在可选择的范围内进行操作的，而这些可选择的范围是基于之前被认为是允许的行动，而且增量调整总是可以很容易地逆转。研究利益团体的学者还强调了一种均衡感，在这种均衡感中，偏好是由参与者介入的强度来衡量的。

政治学中的第一代理性选择模型也强调了解释均衡的必要性，学者们承认，在政治体系中，政策与参与者偏好之间的均衡存在可以维持的约束条件（Jones and Baumgartner 2012）。

肯尼斯·阿罗（Kenneth Arrow）（1951）和邓肯·布莱克（Duncan Black）（1958）评估了偏好循环的问题，强调了政治过程可能很复杂且不可预测。但分析人士假设，公众和政策制定者的偏好是稳定的，并遵循一个简单的从左至右维度，这减轻了复杂性带来的不确定性。流行的中位投票人定理预测沿着这个单一维度偏好都会聚焦到一个稳定的中心位置。从这个轴心点开始的变化很可能是渐进式的，或者至少大部分是可预测的。这些模型似乎让许多人感到安慰，但不足以描述政策变化的机制。虽然他们基本上讲对了故事，但他们错过的那部分太重要了，不能简单地忽略。

98　　较新的议程设置模型开始挑战基于偏好的、优先序、渐进式和理性选择范式下的政策变化研究。沙特施耐德（E.E Schattschneider）（1960）长期以来一直主张政治政党的作用是作为一种机制，通过扩大冲突，并在决策过程中囊括新的政治行动者，来破坏多元利益集团体系。科比（Cobb）和艾德勒（Elder）（1983）详细描述了参与者如何将新的群体——以及由此带来的新政策理念——带入到决策领域之中。约翰·金登（1984），基于科恩等人的观点（1972）指出，政策变化是基于注意力选择以及问题与解决方案同时耦合的函数。这些基础研究已经强调了虚假注意力和信息的潜在机制，为 PET 奠定了基础。

PET 起源：议程设置

鲍姆加特纳和琼斯在《美国政治中的议程和不稳定性》中提出了他们对 PET 的主要论点，认为美国的公共政策不是渐进的和逐步的，而是不连续的和偶然的（2009）。稳定期间会受到冲击的影响，当重新构造政策形象并且扩大冲突时就可能会发生。间断均衡理论的核心是动态公共政策理论，侧重于研究导致政策变化的机制和有限理性决策者。另一个政策变化模式往往是指来自选举人更替导致的政策变化。选举是许多变革的制度机制之一，最明显的是所谓的委任选举。例如，格罗斯贝克（Grossback）等人（2006）展示了在1964年、1980年和1994年委任或关键选举的长期政策后果。另一种类似的方法表明，当选举人更迭在很大程度上导致决策者在单一维度上的意识形态产生变化时，就可能会发生政策变化。但鲍姆加特纳和琼斯强调，选举和意识形态只能描绘政策变化的部分情况。他们在E.E.沙特施奈德和赫伯特·西蒙的研究基础上，提出了一个理论，即精英行动者如何保持利益和稳定的政治结果，他们偶尔也会感到强烈的紧迫感，将注意力重新转移到新的问题或新的政策层面。这种集体紧迫感可能源于各种机制，包括外部事件、政治动员和危机蔓延。所有这些机制的基础是**不均衡的信息处理**的基本机制，即政策制定者体系倾向于对表明潜在问题的信号作出过度反应或反应不足（Jones 2001；Jones and Baumgartner 2005）。不均衡的信息处理源于人类思维的认知和情感架构，详细说明了如何在相互交流的复杂系统中激活该架构的各个方面。这种架构被称为有限的或行为理性，并被应用于选择理论。

赫伯特·西蒙（1957，1983，1986）介绍了有限理性的概念，以进一步详细说明个体和由人类所设计的组织运作方式。他脱离了古典经济理性，认为个体和集体决策是通过串行处理和并行处理来实现的。一个参与者一次只能够注意一件事，但组织——如政府或企业——更容易处理多种情况。与人类一样，政治机构不能同时考虑所有面临的问题，因此其建立了制度框

99

架（如政策子系统）作为并行处理的机制（Jones 1994）。有限理性精英行动者这一观点并不是一个新概念，因为金登（1984）和威尔达夫斯基（1964）在先前研究中就假设行动者在认知上是有限的、具有较强适应性和一定程度的不确定性。这支撑了PET的概念。

有限理性的个体无法从潜在的决策中完美地计算成本和收益，并且无法作出最佳选择，即无法将方案潜在回报最大化。相对而言，他们的决策程序是不完整的，并且鉴于他们认知和情感的限制，不可能对所有的可能性予以关注。这种有限的处理能力和注意力决定了哪些问题能够进入议程，更重要的是，塑造了议程变更的方式。政治体系像人一样，只能集中在有限数量的公共政策上，这是政策制定总是分配给政策子系统的一个主要原因。这些原则有助于建立一个政治体系，这体系不是基于现状的完全更新和逐步转变，而是依托那些依赖探索性步骤和规范以及处理机制的人，其中的不确定性和有限的注意力导致了政策议程更大的变化。

鲍姆加特纳和琼斯认为，个别政策在一个时间点上看起来可能同时存在混乱、冲突，或稳定和一致，但这仅仅描绘了部分情况。PET分析擅长于更长期的政策发展，以便容纳短期和长期时间变化。要理解政策的复杂性，需要理解一定时期内具备系统化和可靠性的政策措施。政策议程项目是通过提供可比较的政策措施来解决这一需求的。政策议程项目对美国各机构的政府数据进行收集和分类，以监测和评估随时间变化的公共政策变化。该项目的原始数据库——国会听证会——用于在议程设定阶段为政策过程理论提供实证检验。该项目持续为间断均衡研究提供量化基础；其他数据库提供了机构所关注的指标，这些指标会随着时间推移而变化，也会贯穿于整个政策过程。该项目还继续为评估不同问题间政策变化的偶发性或渐进性提供平台。

政策议程项目数据的一些早期应用将国家预算变化的解释囊括在内，扩展了 PET（Jones et al.1996，2003；True et al. 2007；Jones and Baumgartner 2005）。联邦预算行为与其他决策具有相同的特征，都是有限理性模式。预算量化了集体政治决策，以对输入的信息、决策者的偏好和制度结构作出回应（Jones et al.2009）。政治系统中的决策者——由于他们有限的处理能力——建立了一个通过集体关注来并行处理信息的框架——无论其特征是子系统、政策垄断、铁三角或议题网络。政策子系统使预算通常只能渐进式的改变，但有时议题从子系统政治转向宏观政治环境，这可能激发国会关注和促进国家层面上的总统的行动、政策形象的变化或政策学习的变化。（Baumgartner and Jones 2009，Sabatier and Weible 2007）。

当注意力将更多的行动者或特殊利益吸引到决策过程中时，政策和计划可能会激化以前的行为或与之脱节，导致政策陷入困境，并产生大的变化。如果一个特定政策子系统的成员主张同时具有负面和有争议的环境后果的额外经济激励，那些最重要的竞争价值将在决策者的注意力和可能的政策行动中得到反映，并经常在预算分配中予以体现。如果两个方面的注意力发生了巨大变化——如外部冲击或子系统潜在成员的变化——那么，这种震荡也可能会在预算政策中展现出来。

间断平衡演变：注意力和建构

PET 开始是对议程变化的研究，但随着时间的推移，学者们可以更好地理解这些变化背后的微观基础。政策企业家

101

（policy entrepreneurs）①改变政策议程或引入新的不确定性的一个机会是通过改变我们概念化或定义问题的方式，即改变框架。琼斯（1994）表明，框架等同于在多维决策模型中改变权重，并且一般性论辩中的注意力转移也可以通过维度的相对权重的变化来建立与之相关的决策模型。对议题的关注可以持续，但议题被重新设定为与其他行动者的目标和偏好相匹配。例如，鲍姆加特纳和他的同事探讨了死刑领域的政策变化，G.W. 布什的总统政策以及宗教福音派相关政策，发现不论"反恐战争"如何，最近的死刑率降低了 60% 以上（Baumgartner et al.2008）。通过查阅《纽约时报》1960~2006 年关于死刑的文章，他们确定了 65 个独特的框架，他们在七个广泛的维度中进行了分类，例如道德、合宪性和公平性（p.107）。他们发现，人们对死刑的注意力发生了转变，从占主导地位的道德框架转向关注错误、效率低下、成本和可能的过失致死。通过改变框架，从而转移注意力，他们展示了政策变化如何随着时间的推移而发生，而不一定是以渐进的方式或由于选举的变化而产生。这项工作强调了政策变化的 PET 视角不仅体现在更为广泛的议程设置概念中，而且也体现在注意力和框架的关键组成部分中。积极反馈和快速反应机制显示了事件如何排列并且可能出现的令人惊讶的政策变化。

这些相同的机制在鲍姆加特纳和罗斯最近的研究（2013）中表现明显，该研究报告了自 20 世纪中叶以来对贫困的看法是如何变化的。最初有益于社会中最贫穷的人的政策概念，已经从"向贫困宣战"期间的积极乐观主义转向不断增长的悲观情绪

---

① 主要指政策过程中的个人或团体，他们就某些具体问题开展联盟和活动，以推动自己的政策偏好。——译者注

（Rose 2013）。鲍姆加特纳和罗斯认为，媒体对贫困的特性描述，以及不予解释一些情况和看法——例如，贫困的根本原因或存在大量贫困人口的社会弊病——成为观念转变的一个原因，以支持穷人都是骗子和施舍接受者这样一种观念，而这只会使他们的境况永久化。这种特征在所实施的政府政策中得到了反映，作者认为，这种不把穷人描绘成一个更大的社会问题中的受害者，而是把他们勾勒为低贱且不配得到援助的人的做法推动了公共政策。

众多具有不同目标和偏好的政策企业家所使用的议程变更机制是改变或重构议程。其中两个群体——特殊利益集团和新闻媒体——是两个最突出的框架效应来源。鲍姆加特纳等人在《游说和政策变化》（*Lobbying and Policy Change*）中进一步强调了特殊利益、框架和注意力在政策变化中的作用，他们支持华盛顿[①]注意力稀缺的观点（2009）。对于规划游说策略的组织来说，华盛顿最大的不确定性不是其是赢是输，而是这个议题是否会得到关注（Leech et al. 2005）。政策环境复杂，解决方案通常不足以影响变化。他们的研究揭示了议程空间的稀缺性，表明游说者不会仅仅因为资源优势就会引起政策活动家的高度关注，而是他们必须找到政策影响力的其他机制。尽管重塑政策理解的**尝试**屡见不鲜，但能够成功地重构却是非常罕见的。因此，政策将在很长一段时间内保持现状，但这种压力体系可能导致不可避免的戏剧性变化，这就是PET最初提出的观点。这些戏剧性的变化可能是一个不同的框架的功能，这些框架会引起迅速的反应，并形成反馈周期，从而使议题的新方面或新问题无法解决。

作为政治信息的来源，专业化的媒体也是政策框架的来

---

① 联邦政府所在地，代指联邦政府。——译者注

源。媒体的任务不是告诉我们想什么，而是告诉我们该怎么想（Cohen 1963）。媒体塑造"我们头脑中的图片"（Lippmann 1922）的方式之一是报道重构的议题，并在新闻上强加自己的框架和制度规范。这种框架可以导致积极和消极的反馈循环，这可以固化注意力转变中的差异或加强对现状的认知。

媒体的报道已经从危机转向停滞，从快速的火灾式警报转向监测和巡逻式的报道（Boydstun 2013）。媒体在政策和公共议程中发挥影响力的一种方式是，不仅确定涉及哪些议题，而且确定这些议题的突出特征。安博·博伊兹顿（Amber Boydstun）（2013）探讨了媒体在政治过程中的作用，并根据新闻中的问题是如何定义和设计的，检验了媒体效果如何不同。
103 如何构建一个问题取决于多种因素——例如新闻或体制规范以及外部社会力量。博伊兹顿认为，政治事件的存在与它收到的新闻报道类型（2013）之间存在着显著的相互作用。框架也取决于议题的突出程度，因为如果不关注一个议题，重构的努力可能没有任何效果。博伊兹顿发现，显著性和框架性是相互联系的，因此，当一个议题呈现出许多不同的框架时，这个问题的显著程度也会增加。虽然对 PET 和议程变化的初步研究在很大程度上依赖于显著性的变化，博伊兹顿和鲍姆加特纳的工作表明，框架是理解政策变化如何发生的另一个关键元素。

PET 进一步发展：信息处理

正如理解个体和群体构建议题的方式很重要一样，了解所提供或操纵的信息的性质也很重要。一个有能力和知情的团体是政治决策的基本特征，政治或政策信息使政府内外的个体能够在法律和政策制定中发挥各种作用（Delli Carpini and Keeter

1996）。媒体渠道（Boystun 2013；Baumgartner and Jones 2009；Sabatier and Weible 2007）、政党（Snyder and Ting 2002；Downs 1957）、广告（Lupia and McCubbins 1998；Jamieson 1992；Freedman and Goldstein 1999）和社区（Campbell et al. 1960；Green et al. 2002；Jennings and Niemi 1968）向选民和决策者提供不完善的信息和信号。

但是，尽管信息很重要，由于社会中的价值观、偏好和限制多种多样，并不是所有的信息都是平等的、准确的或容易被接受的。政策倡导者和政府官员可以通过扭曲信息来支持他们的立场，不能保证相关议题的所有方面都会进入政治辩论。在信息供给和注意力方面的差异往往会导致公众在代表性和政策执行方面的不平等，如前所述，政治机构内以精英为中心的信息处理并非不涉及信息供给和优先序的相关问题。毕竟，决策者在面对新信息时，会面临不确定性和模糊性，此外，他们还持有各种既定的政策偏好和价值观，这些价值观在他们周围的世界起着过滤器的作用。

在不确定性和模糊性持续占主导地位的现代政治环境中，104 现在比以往任何时候都更需要了解信息、行动者和制度动态如何促成政治制度中的压力或摩擦。鲍姆加特纳和琼斯提出，这种渐进式的变化只是情况的一部分（2009）。间断是系统压力增加的直接结果，但产生这种间断过程的微观基础和关键组成部分仍然不清楚。信息、注意力和系统内不均衡的信息处理的动态原则促使学者们努力更好地理解这些组成部分是如何描述政策变化和停滞的。通过了解我们如何处理信息——以及由此产生的注意力和政策形象的分布——我们可以更好地理解政策过程。

信息处理是指"环境信号的收集、组装、解释和排序"

（Jones and Baumgartner 2005，p.7）。为了对决策者有用，必须对信息进行处理，因为它的真实含义可能是不确定的，并且会受制于多种解释（Jones and Baumgartner，2012）。政策决定要求个体对收到的信号赋予意义，并根据这些含义确定解决办法。政治企业家（political entrepreneurs）[①]往往将政治操纵和框架作为提供信息和信号的机制，以最大限度地提高政策行动者的时间约束（Kingdon，1984）。

决策者使用大量的多种来源信息以及根据如何理解所得信息而作出决定的能力，都受到有限的个体认知和情感的指引，这是有限理性选择视角中的关键部分（Jones et al. 2006；Workman et al. 2009）。尽管个人和群体有能力适应任务环境，但他们很难根据新的信息充分更新和调整他们的选择（Jones 2001）。涉及大量决策的短期记忆，在任何特定时间都只能考虑少量的因素（Baumgartner and Jones 2015，Kahneman 2011）。这些认知限制导致了个体认知摩擦，在这个过程中，关注新信息并将其吸收到认知结构中会导致信息延迟，进而导致过度修正（Jones et al. 2003）。这些认知特征对于理解信息处理动态及其对政策的影响至关重要，特别是在系统层面。

105　　就像理解个体内部的认知过程非常关键一样，理解他们所处的信息环境也十分重要。政治系统中的信息具有两个条件：信息供给和信息处理（Workman et al. 2009）。信息供给的理论因学科而异。一些政治学家将政治环境设想成因为信息昂贵而稀缺的环境（例如，Krehbiel 1992），而另一些人则认为政治环境的特点就是信息供给过剩（Jones 2001；Workman et al.

---

　　① 政治企业家是安东尼·唐斯（Antony Down）1975 年提出的，将经济学理性人假设用于政党政治分析之中。——译者注

2009）。信息处理理论是基于这样一种观点，即在一个开放、民主的制度中，信息被行动者过度供给，以争夺决策者的注意力。

然而，由于这些认知限制，注意力必须被放在优先位置，这导致行动者关注一些议题，而不是其他议题。不过，这些优先事项也可能会改变。那些在 T_1 时段没有被优先处理的议题有可能在 $T+n$ 时段成为后期政策间断时的中心。它们最终受到关注可能是因为决策者弥补过去的忽视而矫枉过正。政治机构可以协助确定优先次序，因为它们允许天生是串行处理者的个体进行并行处理（Jones 1994；Simon 1983）。串行处理是个体的能力，因为他们一次只能处理一个问题，而许多其他的问题，无论是紧迫的还是不紧迫的，都会被忽视。并行处理是指组织通过分工，同时处理许多不同问题的能力（Workman et al. 2009）。并行处理使各机构能够应对信息供应过剩的问题，通过搜寻代表性信息和将信息同化给各个单位，将注意力集中在相关属性上，从而降低每个人处理信息的相关成本。当这些较小的单位优先处理问题的某些方面而不是其他方面时，并行处理仍然无法解决信息供应过剩的问题，从而放大了整个政治系统在注意力上的失误。无论是在个体层面还是在机构层面，优先次序的需要都可能导致不完美的结果。

这种不完美的优先次序导致政治系统内部的摩擦，因为选择处理某些问题而不是其他问题会导致系统内错误不断累积。当信息被忽视时，无论是由于信息供应过剩，还是由于对其他特定解释的系统性偏见，信息都可能累积到需要决策者注意的程度，从而导致对这一问题给予大量关注，以纠正先前的忽视和随后出现的问题（Jones and Baumgartner 2005）。决策者有效应对政策信息供应过剩的能力有限——以及这些领域内的各种图像、框架和定义——表明主导政策过程的间断均衡理论实 106

际上是一种不均衡的信息处理理论。

然而，仍有一些方面讨论个体如何利用 PET 处理研究语料库中所缺失的信息。使用 PET 的学者没有足够科学地讨论扩散效应对政治系统的作用。作为政策间断核心的正反馈过程折射出一种倍增效应的模式，那就是政策扩散。加强处理过程，如流行趋势（Bikhchandani et al. 1992），或政策泡沫（Jones et al.2014），这类提示行为也是人们解读他们所处环境信号的一个重要部分，而这些信号尚未充分融入信息处理的理论之中。

PET 向前发展：跨越机构的扩散

最初的 PET 研究主要集中在对美国联邦机构的研究，但随着时间的推移，学者们通过考虑多层次政府和政治体系的动态来检验其普适性。其中一个方面是鲍姆加特纳和琼斯最初强调的"内购会"概念。根据最初的解释，内购会允许政策企业家获得进入政策过程并确保其拥有优先变更的额外机会，这一现象并非美国政府所独有（2009）。这一想法导致在州和地方层面上，以及在世界各地不同的政治体系中，学者从比较意义上研究美国政治体系内的政策过程的兴趣日益增长。

研究美国政治体系内跨场域政策的传统方法是研究政策扩散，其主要集中在各州政策采用的理论上（Berry and Berry 1990；Shipan and Volden 2006，2008，2012）。这些理论在很大程度上检验了地理或制度特征如何促进政策传播。鲍司义（Boushey）试图通过理解政策如何扩散来改变焦点，而不是关注为什么它们扩散到某些地方而不是其他地方（2012）。通过借鉴间断均衡和议程设定文献的其他方面，他开发出一个模型，说明扩散过程如何在美国的各个机构中发挥作用，特别是检验

107

外部事件引发的扩散如何遵循与由内部模仿引起的扩散所不同的模式。

安德鲁·卡奇（Andrew Karch）通过关注内购会对政策空间的影响（2009），开发了一个新视角来研究州和地方政府。在一项关于早期儿童教育政策的研究中，卡奇探讨了政策企业家如何围绕潜在的政策变化来活动以成功地获得长期后果。他认为，成功的内购会会产生反馈效应，一旦州政府获得在该领域制定政策的能力，它们就会努力保护在该领域的权限，并限制在未来可能发生变化的能力。这表明，在单一政治体系内可能存在多个场域对政策变化产生更广泛影响。

用于研究间断均衡的场域最初被认为是仅限于美国政治系统内，但最近的研究表明政策间断和有限的注意力是跨政治系统的全球现象。传统的制度内部政策改变理论将选举视为大变革的途径（Jones and Baumgartner 2012），但 PET 和比较议程项目中的大部分研究证明了这种结构具有误导性。虽然并非所有来自比较议程项目的工作都基于 PET（Jones 2016），但来自 15 个国家和地区（加上宾夕法尼亚州和欧盟）的政治科学家的集体努力证明了跨政治系统的政治过程理论的普适性（Baumgartner et al. 2009）。例如，对公共预算的比较研究表明，在许多西方国家，预算的变化遵循类似的非高斯分布（Jones et al. 2009）。

这些著述不仅证实了许多关于间断均衡和信息处理理论的研究发现的普适性，而且还提升了我们对这一领域的认识。其中许多作品加强了我们对议程设置、框架、注意力和信息处理的理解，例如约翰（John）和贝文（Bevan）的著述，属于可以更好地理解政策间断的类型（2012）。在他们的著述中，他们通过创建一个间断类型，区分了高度显著的间断和小的、低

显著性的间断，从而提出了注意力中间断的概念。这只是 PET
在各级政府和不同政治制度中所作贡献的一个例子。

结　论

108　　　在以不确定性、制度约束和信息丰富为特征的现代政治环
境中，我们如何将政策变化理解为动态政策过程的一部分？多
年来，学者们描述了一个政策过程，其特点是以选举为间断点
的渐进转变，以及理性行动者寻求偏好最大化和连任。看一下
预算和其他政策制定领域的间断数据，就可以明显地看出这一
研究路径过于狭隘。政策中的大多数间断都发生在选举的整个
过程，与选举所带来的变化无关。鲍姆加特纳和琼斯通过重新
评估信息处理、强调有限理性原则以及行动者和机构的有限关
注，发展了一个理论来解释更为复杂的政策过程。PET 描述了
一个不太可预测的政策过程——其特点是长期稳定、具有渐进
变化，无论选举变化如何，都可能由外部或内部偶然意外的变
化而中断。关键不在于变革的刺激来自何处，而在于不均衡的
信息处理，它会导致政策制定者在采取行动之前长时间忽略重
要问题的信号。至少在某些情况下，这种行为会变成强烈的过
度反应，就像美国的犯罪政策一样（Jones et al. 2014）。PET 出
现在需要理解政治过程的议程设定阶段，在这个阶段的一个不
连续的政策过程中战略性地考虑——和忽视——新的替代方案。
但它已经超越了其议程设定的起源，被用来解释整个政策过程
变革的基本组成部分。

　　这些潜在的政策变化机制，如框架和信息处理，不仅仅是
议程设置模型中的自变量。鲍姆加特纳和琼斯以及政策领域的
一些学者使用 PET 作为一种获取杠杆的方法，以了解如何提供

信息和处理信息。20世纪核政策的变化不仅仅是由偏好变化或选举循环所造成的。甚至在应用 PET 框架时，这些变化不仅仅是明显突出的或政策形象的变化。对 PET 框架的理解是信息来源如何转变，政治企业家如何操纵核能的政策叙述，以及如何优先获取丰富的信息的某些方面导致注意力的突然转变，以及由此产生的核能议题的视角转变。这些单独的组成部分有助于 109 建立议程，它看起来不像面向过去的渐进转变理论所论述的那般，而更像 PET 评估和推进的不均衡和动态的处理体系。

参考文献

Arrow, Kenneth. 1951. *Social choice and individual values.* New York: John Wiley and Sons.

Baumgartner, Frank R., and Bryan D. Jones. 2009. *Agendas and instability in American politics,* 2nd edn. Chicago: University of Chicago Press.

Baumgartner, Frank R., and Bryan D. Jones. 2015. *The politics of information: Problem definition and the course of public policy in America.* Chicago: University of Chicago Press.

Baumgartner, Frank R., Suzanna L. De Boef, and Amber E. Boydstun. 2008. *The decline of the death penalty and the discovery of innocence.* New York: Cambridge University Press.

Baumgartner, Frank R., Jeffrey M. Berry, Marie Hojnacki, David C. Kimball, and Beth L. Leech. 2009a. *Lobbying and policy change: Who wins, who loses, and why.* Chicago: University of Chicago Press.

Baumgartner, Frank R., Christian Breunig, Christoffer Green-Pedersen, Bryan D. Jones, Peter B. Mortensen, Michiel Nuytemans, and Stefaan Walgrave. 2009b. Punctuated equilibrium in comparative perspective. *American Journal of Political Science* 53(3): 603–620.

Berry, Frances Stokes, and William D. Berry. 1990. State lottery adoptions as policy innovations: An event history analysis. *American Political Science Review* 84: 395–415.

Bikhchandani, Sushil, David Hirshleifer, and Ivo Welch. 1992. A theory of fads, fashion, custom, and cultural change as informational cascades. *Journal of Political Economy* 100: 992–1026.

Black, Duncan. 1958. *The theory of committees and elections.* Cambridge: Cambridge University Press.

Boydstun, Amber E. 2013. *Making the news: politics, the media, and agenda setting.* Chicago: University of Chicago Press.

Boushey, Graeme. 2010. *Policy diffusion dynamics in America.* Cambridge: Cambridge University Press.

Boushey, Graeme. 2012. Punctuated equilibrium theory and the diffusion of innovations. *Policy Studies Journal* 40(1): 127–146.

Campbell, Angus, Philip E. Converse, Warren E. Miller, and Donald E. Stokes. 1960. *The American voter*. New York: John Wiley & Sons.

110   Cobb, Roger, and Charles D. Elder. 1972 (1983). *Participation in American politics*. Baltimore: Johns Hopkins University Press.

Cohen, Bernard. 1963. *The press and foreign policy*. Princeton: Princeton University Press.

Cohen, Michael, James March, and Johan Olsen. 1972. A garbage can model of organizational choice. *Administrative Science Quarterly* 17: 1–25.

Delli Carpini, Michael X., and Scott Keeter. 1996. What Americans know about politics and why it matters. New Haven, CT: Yale University Press.

Downs, Anthony. 1957. A theory of political action in a democracy. *Journal of Political Economy* 65: 135–160.

Freedman, P., and K. Goldstein. 1999. Measuring media exposure and the effects of negative campaign ads. *American Journal of Political Science* 43(4): 1189–1208.

Grossbeck, Lawrence J., David A.M. Peterson, and James A. Stimson. 2006. *Mandate politics*. Cambridge: Cambridge University Press.

Jamieson, Kathleen. 1992. The paradox of political ads: Reform depends on voter savvy. *Media & Values*: 13–14.

Jennings, M. Kent, and Richard G. Niemi. 1968. The transmission of political values from parent to child. *American Political Science Review* 62: 169–184.

Jones, Bryan. 1994. *Reconceiving decision-making in democratic politics: Attention, choice and public policy*. Chicago: University of Chicago Press.

Jones, Bryan. 2001. *Politics and the architecture of choice*. Chicago: University of Chicago Press.

Jones, Bryan D. 2016. The Comparative Policy Agendas Projects as measurement systems: response to Dowding, Hindmoor and Martin. *Journal of Public Policy*. 36 (1): 31–46.

Jones, Bryan D., and Frank R. Baumgartner. 2005. *The politics of attention*. Chicago: University of Chicago Press.

Jones, Bryan D., and Frank R. Baumgartner. 2012. From there to here: Punctuated equilibrium to the general punctuation thesis to a theory of government information processing. *The Policy Studies Journal* 40: 1–18.

Jones, Bryan D., Frank R. Baumgartner, and James L. True. 1996. *The shape of change: Punctuations and stability in US budgeting, 1947–96*. Paper presented at the Midwest Political Science Association, Chicago, IL.

Jones, Bryan D., Tracy Sulkin, and Heather Larsen. 2003. Policy punctuations in American political institutions. *American Political Science Review* 97: 151–170.

Jones, Bryan D., Graeme Boushey, and Samuel Workman. 2006. Behavioral rationality and the policy processes: Towards a new model of organizational information processing. In *Handbook of public policy*, eds. B.G. Peters, and J. Pierre. Thousand Oakes: Sage Publications.

111   Jones, Bryan D., Frank R. Baumgartner, Christian Breunig, Christopher Wlezien, Stuart Soroka, Martial Foucault, Abel Francois, Christoffer Green-Pedersen, Chris Koski, Peter John, Peter Mortensen, Frederic Varone, and Steffan Walgrave. 2009. A general empirical law of public budgets: A comparative

analysis. *American Journal of Political Science* 53: 855–873.

Jones, Bryan D., Herschel F. Thomas III, and Michelle Wolfe. 2014. Policy bubbles. *Policy Studies Journal* 42(1): 146–171.

John, Peter, and Shaun Bevan. 2012. What are policy punctuations? Large changes in the legislative agenda of the UK Government, 1911–2008. *Policy Studies Journal* 40(1): 89–107.

Kahneman, Daniel. 2011. *Thinking fast and slow.* New York: Farrar, Straus, and Giroux.

Karch, Andrew. 2009. Venue shopping, policy feedback, and American preschool education. *Journal of Policy History* 21(1): 38–60.

Kingdon, John. 1984. *Agendas, alternatives, and public policies.* New York: Longman Classics.

Krehbiel, Keith. 1992. *Information and legislative organization.* Ann Arbor: The University of Michigan Press.

Leech, Beth L., Frank R. Baumgartner, Timothy M. La Pira, and Nicolas Semanko. 2005. Drawing Labbyists to Washington: Government activity and the demand for advocacy. *Political Research Quarterly* 58: 19–30.

Lindblom, Charles. 1959. The science of "Muddling Through. *Public Administration Review* 19: 79–88.

Lippmann, Walter. 1922. *Public opinion.* New York: Free Press.

Lupia, Arthur, and Mathew D. McCubbins. 1998. *The democratic dilemma: Can citizens learn what they need to know?* Cambridge: Cambridge University Press.

Rose, Max, and Frank R. Baumgartner. 2013. Framing the poor: Media coverage and U.S. Poverty Policy, 1960–2008. *Policy Studies Journal.* 41: 22–53.

Sabatier, Paul and Christopher M. Weible. 2007. The advocacy coalition framework: Innovations and clarifications. *Theories of the Policy Process, Second Edition.* Boulder: Westview Press.

Schattschneider, Elmer E. 1960. *The Semisovereign people.* New York: Holt, Reinhart, and Winston.

Simon, Herbert A. 1957. *Models of man, social and rational: Mathematical essays on rational human behavior in a social setting.* New York: John Wiley and Sons.

Simon, Herbert A. 1983. *Reason in human affairs.* Stanford: Stanford University Press.

Simon, Herbert A., and Associates. 1986. *Decision-making and problem-solving.* Research briefings: Report of the Research briefing panel on decision-making and problem-solving. Washington DC: National Science Academy Press.

Shipan, Charles R., and Craig Volden. 2006. Bottom-up federalism: The diffusion of antismoking policies from U.S. cities to states. *American Political Science Journal* 50(4): 825–843.

Shipan, Charles R., and Craig Volden. 2008. The mechanisms of policy siffusion. *American Political Science Journal* 52(4): 840–857.

Shipan, Charles R., and Craig Volden. 2012. Policy diffusion: Seven lessons for scholars and practitioners. *Public Administration Review* 72(6).

Snyder, James M., and Michael M. Ting. 2002. An informational rationale for political parties. *American Journal of Political Science* 46(1): 90–110.

True, James, Bryan D. Jones, and Frank R. Baumgartner. 2007. Punctuated equilibrium theory: Explain- ing stability and change in policymaking. In *Theories of*

112

the policy process, ed. Paul A. Sabatier, 155–187. Boulder: Westview Press.

Wildavsky, Aaron. 1964. *The politics of the budgetary process.* Boston: Little, Brown.

Workman, Samuel, Bryan D. Jones, and Ashely Jochim. 2009. Information processing and policy dynamics. *Policy Studies Journal* 37: 75–92.

第七章 行为学派：如何助推更智能的政策设计

彼得·约翰

世界各地的公共机构正在进行一场悄无声息的革命。专家 113
和政策制定者发现了如何利用人类行为研究中的行为洞察来设
计更好的政策。虽然对行为的探索一直是社会科学的重要组成
部分，并经常为公共决策提供信息，但经济学和心理学方面的
新近研究给行为科学带来了更强大的动力，使其对那些希望解
决公共问题和提高公共服务质量的人更具吸引力。最近在知识
方面取得的进步所带来的能量有助于建立一个综合的、跨学科
的研究议程。学者、学生、媒体专业人士以及公共政策过程的
参与者都想更多地了解驱动人类行为的因素，以及如何改变人
类行为以符合公共利益。其结果是，在使用行为理念来重新设
计政策方面发生了阶段性转变。这些创新始于一些相对较少的
应用，如重新设计纳税提醒；现在，行为科学已经应用于政策
执行的核心议题上，如福利金和养老金。行为公共政策被当今 114
决策者广泛使用，**"助推"**（nudge）一词被用来表示这种兴趣。

行为科学为设计更有效的政策提供了一种基本上没有争

议且成本低廉的方法。它吸引了跨越意识形态鸿沟的各个政党，它可以在不同的体制背景下和不同的治理层次上运作。关于这种技术是否应该应用，几乎没有什么争议；相反，争论的焦点在于哪种行为信号起作用，它在哪里最有用，以及预期效果的大小。缺乏争议性是行为公共政策成功的原因之一。另一个原因是它很容易被理解。在行为科学领域，学术界的见解可以以政策制定者能理解的方式迅速进入政策议程，克服了迄今为止一直困扰政策相关科学知识使用的知识转移障碍（John 2013a）。使用行为议程并辅之以随机对照试验（randomized controlled trials，RCTs）来评估不同的行为信号，这是检验该领域干预措施有效性的一种特别适用的方法，因为它们提供了这一概念的证据，并提供了对所实现的节省成本和所取得效益的准确估计。

从这个角度看，行为政策议程的发展对今天的政策制定者来说是一个有益的创新，旨在提供公共服务和确保更有效地使用政府工具。它在很大程度上符合关于利用科学改进政策的现有理解，这可能会被视为大多数成熟民主国家实行的家长式作风的一个方面。鼓励改善行为的宽松政策可以在相对较少的辩论和争议的情况下推出，因为其目标没有争议，执行方式也不影响公民权利和自由。

行为科学不仅需要简单的作为一种纠正不良供应体系的方法，以适用于已经实施的政策，而且还要能够弥补过去未能吸引公民参与政策的失败。行为研究路径本身对决策过程有很大帮助：它们可以帮助引导出更明智的政策，并使公民和政府之间建立更好的联系。决策本身呈现出更加行为化的特征，也可以确保政策的设计更加以公民为中心。最重要的是，行为政策是对公众议程关切的回应。人类行为科学之所以与之具有相关

115

性，是因为作为人类干预目标的人类行动者也受到同样的基于助推式方法的影响。决策者、政治家和政府官员，与公民一样对信号和行为激励作出反应，也同样受到常规做法和推动的影响。像公民一样，他们在如何使用信息方面也受到限制，当然这符合公共政策的经典作家对他们的描述（例如，Simon 1947；Lindblom and Braybrooke 1963）。行为议程中的主体和客体转换：公民或利益相关的公众，通常是信号的接受者，现在是信号的传递者；政客和公务员成为新的接受者。通过这种方式，经常被指责为自上而下和家长式作风的行为议程，就可以成为追究决策者责任和改善高层决策的途径，因为公民和团体可以利用行为信号，鼓励政策制定者以更合理、更具有公众意识的方式行事。尽管在这个模型中并没有放弃理性证据的使用，但如果不像传统经济决策模式中所假设的那样，将行为者本身视为理性地权衡各种选择的人，那么这种证据的传达效果会更好。因为这样一来，公民就可以传达出符合决策制定结果的偏好，而不是与经常将他们排除在外的标准操作程序对抗。但是，这在实践中究竟是如何运作的，在此只能略述，只是从近年来政府有效推行的行为改变理念来看，这种做法是合乎逻辑的。

　　在本章中，我们对这一论点的要素进行了追溯。下面的文字首先叙述了目前所设想的行为科学的开端，然后对随之而来的这一领域兴趣的大规模拓展进行了阐述。下一步是报告这些想法如何对世界各级政府产生巨大影响，但也要注意决策本身是如何受到更多政策相关想法的影响。后面一节讨论了这样一个悖论，即决策者本身也会存在与行为经济学对象一样的偏见，这可能意味着对此类干预措施的选择存在局限性。在这里，本章重新探讨了决策理论的经典内容。为了阐述后面的论点，本章指出行为科学如何吸纳公民的声音而不需要依赖自上而下的

研究路径。下一节将进一步回顾公民和其他群体如何利用行为
116 信号来改变决策者的行为，使其具有社会效益。最后也是结论
部分讨论了如何将行为知情措施纳入决策过程，以促进证据的
有效利用，并推动决策者制定更好的政策。

行为经济学和行为科学

自社会科学建立以来，行为研究一直是社会科学的中心，
学者们一直试图去理解它。例如，在政治学中，理解行为的模
型，如选民决策，是该学科的核心，并出现在该学科的早期文
本中（例如，Campbell et al. 1960）。以一种更加一致的方法来
研究行为是最近才出现的现象。值得注意的是，它起源于经济
学学科。长期以来，经济学一直是社会科学中的一门具有特权
的学科，政策制定者们一直给予经济学家一种优先的地位。按
照传统的设想，经济行为被广泛认为是个人或企业进行成本效
益评估的结果，因此，一项活动成本的增加可能会导致继续进
行这项活动的动机减少，反过来考虑利益也是如此。在公共政
策中，一项提高违规成本的法规应该，有助于减少危害性的活
动（Becker 1968）。聪明的政策制定者需要知道公民或其他行
动者在决定行动时如何进行成本和利益的权衡，以便调整政府
的工具——特别是法律/监管和财政工具——以实现预期的政
策结果，例如，通过增加刑罚来遏制犯罪。这些想法之所以极
有影响力，是因为它们提供了解释私人行为的微观基础，并为
评估旨在实现集体目标的政府行为提供了一个框架。

经济或理性模型也影响了政府如何制定政策，这可以看作
在谁的成本和效益需要被评估的不同选择中作出选择。该模型
在公共政策的初始发展阶段占有重要地位，如艾利森（Allison）

在其《决策的本质》(*Essence of Decision*)(1971[①])中的模型1。尽管一代又一代的批评者（尤其是从事公共政策研究的学者）指出了这种模型的局限性，但事实证明，这种模型具有很强的弹性，并构建了政府寻求建议的方式。它影响了官僚机构和其他公共机构中知识检索的制度框架，无论是官僚机构进行备选方案分析，调查委员会对备选方案的审查，还是立法委员会对专家的询问。正如利奇所述，理性模型满足了政策制定者的一种深刻需求，那就是将各种选择方案连同它们的成本和收益一起摆在他们面前，即使政策制定者并不想遵循从这样的建议中得出的结论（Leach 1982）。无论是成本效益分析还是预算计划，基于对信号的理性反应来审查备选方案，在大多数评估方法中占主导地位。由此，可以看到，公民和组织如何对不同来源的信号进行评估、公共和私人行动如何在同一个系统中结合在一起，以及决策者如何使用理性模型选择最佳行动，从而影响个人和组织对这些信号作出反应的方式。

　　基于对人类行为驱动力的狭义理解，倾向效用最大化的理性选择个体这一说法往往被认为是某种程度上的过度简化。但这种方法通常被认为是值得尝试的，因为它将人类的动机归结为其本质，然后创建一个简单的框架，为政策制定者提供明确的选择。这是一种启发式方法，告诉他们在特定情况下该怎么做。还可以通过引入认知限制，如搜索成本，使框架复杂化，以表明人类行动者在响应信号方面可能不够高效。该框架能够经受住猛烈的批评，是由于它的吸引力和显著性，而不是知识分子和决策者的顽固和倔强。经济或理性模型仍然是理解决策的核心，可以帮助改进政策，甚至会将行为科学考虑进来。评

---

　　① 原书为1960，经查，该书出版时间应为1971。——译者注

论家经常犯的一个错误是，认为在选择和效率的框架中理解理性相关行为的大厦会因行为经济学的创新而崩塌。

关键的创新来自卡尼曼（Kahneman）及其同事的工作，他们在 20 世纪 60 年代开始了他们的研究，并在接下来的几年里变得非常有影响力（Kahneman 1973；Kahneman and Tversky 1979；Kahneman et al. 1982）。卡尼曼和特维斯基（Tversky）都是心理学家，他们利用判断理论的见解来理解偏见和认知如何影响人类作出选择的方式。他们进行了一系列引人注目的实验，可以在卡尼曼（2011）最近的著作中阅读到更多的相关信息。他们提出，即使是对成本和收益进行非常简单的计算，个人也具有局限性，即使是那些受过非常高水平统计学训练的人也是如此。在社会心理学中，这种想法并非原创，但在实验室之外，特别是在经济选择方面，它们很少被应用。

118 这样，决策就可以被看作偏见的结果——比如像预期理论中的避免损失，或者人们更愿意保持默认选项，或者试图确认他们的观点（即确认偏见），或者表达可能导致偏好逆转的遗憾（Loomes and Sugden 1982）。当人们不得不在没有大量反思的情况下进行思考或行动——即快速思考时，由于速度的必要性和思维惯性，这些偏见就会变得非常重要。从卡尼曼等人挖掘的这口理论之井出发，其他经济学家开始在各种领域检验这种行为影响的意义，比如养老金选择（Benartzi and Thaler 2004）或劳动力供给（Camerer et al. 1997）。因此，有许多研究表明，行为经济学可以为公共政策中的实际问题应用提供解决方案，以一种承认人类偏见并与之合作的方式改善政府的干预措施，以普遍的帮助个人和整个社会。

整个 20 世纪和 21 世纪对规范的经济 / 理性行为者模型批判成为主流，因此，准确地了解这类工作的最新动态十分重要。

毕竟，公共政策学者在决策研究方面最常引用的理论家西蒙在20世纪40年代和50年代（例如，Simon 1957）以启发式知情决策方法而成名，就像现代行为经济学一样，这与更正规化的决策模型密切相关。而现代行为经济学中的心理学见解则可以追溯到经济学的开端，其中一本教科书就指出亚当·斯密（Adam Smith）是行为经济学的创始人（Cartwright 2011:5，也可参见Oliver 2013b:6）。卡尼曼等人工作的不同之处在于更多地融合了心理学的核心思想，在实验室中进行实证检验，并使用了经济学的语言和方法，如理论的形式及其在计量经济学模型中的检验。他们研究的这些特点，特别是最后列出的理论形式及其模型，确保了他们可以在该领域的顶级期刊。如《美国经济评论》（*The American Economic Review*）和《经济学杂志》（*The Economic Journal*）发表文章。行为经济学并非在经济学的边缘发展，而是处于主流地位，因为这种研究路径不会以理论和结果的呈现形式来攻击经济学实践。事实上，行为经济学最近的应用，如对金融市场的分析，在方法上是高度数学化的（例如，Park and Sabourian 2011）。行为经济学也没有挑战经济模式对国家性质、追求效率和市场监管类型的影响，至少不是以直接的方式挑战。经济学教科书中的基本关系仍然存在：行为经济学只是提供了一些调整和额外的考量，而不是对公民、组织和国家之间的关系进行重新思考。此外，萨格登（Sugden）（2004①）能够利用不确定偏好的假设来支持国家的有限作用和有效市场的创造。私人个体和组织的生产效率不会因为缺乏明确的偏好而受限制。市场经济在微观层面并不由完全经济理性单一建立。在萨格登看来，行为经济学并不意味着家长制：它在相互同意和公开

①　原书为2014，经查，应为2004。——译者注

的契约框架下运作（Sugden 2013）。经济学家可以心安理得地得出这样令人欣慰的结论：他们的世界没有被行为经济学所撕裂。

以一种更加行为化的研究路径来理解经济问题，也与西方民主国家制定公共政策的主流方法完全吻合，在西方民主国家，协商一致的决定由技术官僚和专家制定，并由当选的政客批准。知情和明智的决策规范是许多领导人的目标，比如政治家和公务员。即使政党可能希望遵循意识形态的目标，但很少有政党领导人会认为，政策不应以专家对公民将如何应对政府措施的理解作为依据。让政府专家和运行良好的官僚机构得到顶尖机构（如专业协会和研究中心）的建议支持，是为了判断如何执行公共政策，使其符合公众和社会的最大利益。事实上，如果去掉形式模型和检验，行为经济学的洞察往往可以被认为是基于常识和良好实践的，可能远比长期占据主导地位的简单经济学模型更为重要。行为经济学对主流思想的这种吸引力，是其受欢迎的源泉，也是其生存的保证。

当然，行为学派成为主导的关键是由塞勒（Thaler）和桑斯坦（Sustein）（2008）撰写的《助推：促进健康、财富与幸福的决策》（*Nudge: Improving Decisions about Health，Wealth and Happiness*），他们使用了与书同名的术语"**助推**"，使得这项工作得到了普及。这本书写得很好，通俗易懂，将行为经济学中认知局限性的例子活生生地展现出来。它明确指出，公共政策制定者不应假定个人具有大量的信息处理能力；相反，他们应利用自己的偏见和锚点来制定有益的公共政策。与其假设提供大量的信息会导致理性的选择，不如提供更有限和更清晰的信息，这样可以确保默认的选择是有利于社会的，效果会更好。个人在很大程度上不考虑这些选择，但这一行为并不重要，因为具有公共利益的官僚、专家和政治家正以选择架构师的身份

120

为他们做思考。但是，这一过程也保留了自由的元素，因为个人可以拒绝所提供的选择，甚至可以因偏见而拒绝它。很少有人会反对以丰富多彩的例子引入低成本且合理的措施——例如在男士小便池上画一只苍蝇，以帮助限制人们小便时尿液溢出池子；增加退休储蓄的默认值；以及增加节能设备。这本书经常在权威的报纸和杂志文章中被讨论。这本书可以在机场的书架上买到；更有趣的是，它的作者常常出现在电台和电视上，讲述朴素的轶事。经济学从未显得如此不具权威性。

　　早在这本"助推"类的书出版之前，行为研究路径就已经引起了政策制定者的注意（例如，Dawnay and Shah 2005），因为他们意识到可以利用这些见解来设计政策。行为经济学并不只是维持政府想要不加干涉地进行监管，它曾是英国工党政府发明的具有影响力的思维空间（MINDSPACE）（Dolan et al. 2010）决策工具，该工具总结了决策者在重新设计政策时可以诉诸的特征。在英国，"助推"最早是由工党控制的地方议会实施的，比如伦敦的巴内特区；但直到2010年，联合政府设立了由大卫·哈尔彭（David Halpern）领导的行为洞察团队（Behavioral Insights Team，BIT）后，行为洞察才开始被英国政策制定者更加突出地使用。该团队使用随机对照试验（RCTs）来测试各种助推（Haynes et al. 2012），这些助推是由各机构和公共部门的其他行动者协同设计的。一个例子是，一项举措是测试移动短信是否会促使那些拖欠法院罚金的人在对其采取进一步诉讼程序（包括追债机构或法警的探访）之前支付罚金。行为洞察团队和英国税务海关总署（Her Majesty's Revenues and Customs，HMRC）能够发现，该机构未使用这些手机号码，然后团队又进行了两次随机对照试验来测试不同类型的短信，这些信息的个性化和细节特征不同，以显示出突出的结果

121

（Haynes et al. 2013）。该团队早期的大部分工作都和改善税收有关，利用税收交易量大的优势，以及公共机构在一个随机对照试验中改变信息的能力，然后在后续的推广中选择最有效的信息。行为洞察团队与政府机构的其他部门，例如英国税务海关总署，建立了合作伙伴关系，以提供大量有力的证据（参见Cabinet Office 2012）。这些实验使行为洞察团队能够计算出政府收入的重要增长，从而帮助他们证明他们所应用的概念。在进行这些实验的同时，行为洞察团队还试图在一些领域发展更多的公共政策行为研究路径，如在能源领域，重新设计电费单的监管部分；在慈善捐赠领域，鼓励银行等大型机构的员工向慈善机构捐赠；在健康领域，解决病人不去看全科医生等关键问题；在福利领域，激励失业者寻找工作，加强就业中心与求职者之间的沟通。

这种超越了重新设计客户信息的拓展活动，显示了行为研究路径在处理公共政策供给的核心特征上的权力。部分由于助推效应，人们倾向于将行为干预与政府的软工具或信息工具联系在一起。[①]同时，由于保守党领导联盟（相信有限国家干预）支持分权的做法，这也意味着更强大、更权威的工具使用得更少。这一特征也出现在对"助推"的一些批评中，如英国上议院（2011）的一份报告，以及在卫生政策专家的工作报告中，他们认为"助推"抛弃了政府的基本工具（Marteau et al. 2011）。只有当塞勒和桑斯坦的自由主义家长制框架被视为比聪明营销[②]更重要的东西时，这样的批判才会有效。这个矛盾的说法（即"自由主义家长制"）本身应该是一个信号，即不可能同

---

① 这里指非强硬的政治手段，如法律、规制等。——译者注
② 作者用聪明营销来指代利用技术和信息手段。——译者注

时兼具自由主义和家长主义，即使是基于信息的助推，也需要在一定程度上利用政府的权力来削弱公民的自主权。在实践中，即使是信息干预，也与政府其他工具的使用密切相关，因此，法院罚款的助推只是利用法律对公民产生强大影响过程的其中一步。真正正在进行的是利用行为洞察力来有针对性地使用政府工具，使其更好地发挥作用，部分原因是：即使是法律和监管这样的权威工具也涉及遵从性，并取决于公民和其他行动者的信任程度。这样一来，"现在所有的工具都是信息性的"（John 2013b），因为每一种工具总是要有信息性的成分，才能有效地发挥作用；现在行为主义革命为决策者提供了一种手段来提高这些工具的有效性。助推只是行为经济学武器库中的一部分：这种方法可能被描述为**轻推**（budge）更好（Oliver 2013b），政策制定者可以凭借它在不同的环境中使用行为经济学的发现。

　　行为主义革命意义深远，因为它可以触及政府或公共组织核心机构的所有部分，跨越各种机构、活动和职能领域。在这些机构和领域中使用同样的工具箱和研究路径，部分原因是大多数公共活动只有在公民或组织的协作下才能运作。即使在官僚机构内部，较低级别的参与者也需要动力和鼓励，而官僚机构核心也需要有技巧地利用集体知识。基层机构，如社区委员会或地方政府，都拥有适用于行为学洞察的自身对照群体。

　　除了广泛应用于政府的工具之外，人们也越来越认识到行为效应是强大而持久的。政策制定者不仅选择了一套可以适用于各种环境的干预措施，他们还可以依赖于行为改变。传统的批评观点认为，行为干预的影响规模很小，但事实并非如此，影响规模往往局限于信息供给的干预，而干预则是使用更多的心理机制以产生更强的影响。例如，众所周知，就投票率而言，一系列竞选技巧可以造成1个到7个百分点的行为变化

122

（参见 Green and Gerber 2008）。然而，如果使用更强的行为信号，如社会压力，则有可能使这些处理效应翻倍（Gerber et al. 2008）。处理效应具有逐渐消退的趋势，这一说法也可能被夸大，这主要是因为行为干预可以刺激习惯的形成。虽然干预可以产生应激反应，即对干预的抵制，但行为的改变也有可能在助推之后重复进行，例如，通过选民投票率干预，受试者有可能在很长一段时间后继续投票（Cutts et al. 2009）。使用干预措施的私营企业知道，它们需要对干预措施稍微进行调整，以确保合规性和新颖性。公共部门的用户可以使用这些技术，并不时地改变它们，但它们也可以信赖这样一个事实，即所鼓励的行为被认为是可取的、符合公共利益，这就可以帮助巩固这些行为，使其成为公民的规范。

正是因为行为研究路径没有一个占主导地位的假设，即存在一种适用于所有环境的行为信号，且对各种应用开放，所以才会有助于它的这些理念被采用。不存在能被每个政府机构都接受的普适世界观。只有不断试验才能发现公共决策的背景如何与可能适用或不适用的行为信号清单相互作用。理论在提出一系列可能的干预措施时是有用的，但每种干预措施都需要实地评估，以处理外部有效性问题。通常，只有一两个干预措施最终可能被证明是有效的，或者有一个效果大小的排序，政策制定者可以从中选择更符合目标——如合法性或公平性——的干预措施。

行为理念的应用没有明显的限制。当然，英国在这方面一直做得很出色，但在美国，这个影响可能令人感受更深。在那里，《助推：促进健康、财富与幸福的决策》的作者之一，卡斯·桑斯坦，成为奥巴马总统领导下的信息与监管事务办公室（Office of Information and Regulatory Affairs）负责人。随后在 2012 年，白宫成立了自己的行为政策部门——社会与行为科学团队（Social and Behavioral Sciences Team，SBST），其运作方式与行为洞察团队类似。行为科学也对澳大利亚各州政府产生了影响，如新南威尔士州设立了行为洞察部门，维多利亚州也紧随其后推出了类似的举措。行为洞察团队的示范作用对新加坡的公共行政设计产生了影响，欧盟委员会和欧洲各国政府，特别是德国、荷兰和比利时政府都表示有兴趣。国际社会对行为干预有很大兴趣，部分原因是为了解决国际援助政策中的一些弱点，这些弱点需要改变，以确保在捐助国进行财政拨款后，预期的行为会随之而来。这些主题在《2015年世界发展报告：思维、社会与行为》（*Development Report 2015: Mind, Society, and Behavior*）中得到了阐述，这个报告对行为科学及其在欠发达环境中的应用进行了全面回顾。

在对政策感兴趣的同时，对行为政策的关注又激发了大量的学术兴趣——而这往往是来自经济学以外的学科，以及一直对行为理念的应用感兴趣的学科，典型的是卫生政策研究或其他实质性领域，如交通和教育。这些不同学科的学者能够使用政策干预和管理的共同语言。最近编辑出版的多个手册显示了整个学术界的兴趣，如奥利弗（Oliver）的《行为公共政策》（*Behavioral Public Policy*）（2013a），该书表明行为政策在环境、健康、工作、财政和透明度等方面都有应用；沙菲尔（Shafir）的综合性著作《公共政策的行为基础》（*The Behavioral Foundations of Public Policy*）（2013）包含了关于就业、贫困、健康和储蓄等众多主题的章节。

行为科学对决策的影响

行为科学的应用延伸也影响了公共机构。当然，官僚和政　124

治家完全有可能继续采用同样的工作方式，仅仅只是简单利用行为学的洞察来改进供给和公共管理，以此作为标准例行程序和实践的补充。然而，这不太可能发生。期望行为公共政策在组织层面产生影响的第一个原因是，利用行为学洞察需要事先承诺政策的改变以证据为基础，并承认标准操作程序也需要改变。它要求在官僚机构内部将创新作为一种可行的假设。这需要来自核心机构的领导，和中层强有力的倡导者，而且往往还需要官僚体系中一个具有改革意识的特殊单位来推动。这就是在英国政府所发生的情况（John 2014），在英国，行为洞察团队由官方赞助，该团体是促进公共部门创新的变革者。行为公共政策的第二个特征是，证据和专家的使用成为决策的一个更核心的特征。传统的评估，尽管多次尝试整合研究，但通常是在主要决策作出之后进行的。有了行为公共政策，研究人员与组织外部具有影响力的专家性可以设定议程，决定推动什么样的创新，然后给予政策制定者即时的反馈以选择哪种创新。研究是这项工作不可或缺的一部分：政策制定者需要研究者的技能和思维来理解正在发生的事情，研究人员必须采纳政策制定者所倡导的实用主义和对情境的敏感性。这些政策研究团队可以从头到尾地执行行为公共政策。

促使官僚体制创新的最后一个特征是政治家、官僚和专家的导向。人们通常认为，采用行为洞察的方法是自上而下进行的，这意味着技术官僚对公民角色的假设是通过决策的保密性揭示出来的。但事实并非如此。有效利用行为洞察的秘诀在于使现有的公共政策传递方式适应于行为科学，这涉及谨慎选择对可能在特定背景下起作用的理念。政策制定者必须信赖当地的知识，因为需要对政策工具进行非常精确的定制，以确保有效地提供所需的行为干预。即使是一封旨在提醒市民按时纳税

125

的信件，也需要非常仔细的校准，使行为信息嵌入现有的文字格式中，既不显得笨拙和突兀，又能保持信息显眼。也就是说，行为干预要想奏效，仅仅复制其他地方的经验或实施实验室设计的东西是不够的，还需要在真实世界中进行田野实验；而这些都有赖于对可能性进行非常实际的评估。当地的知识通常来自那些在官僚机构的交付端与客户有直接接触的人员。最后，行为政策需要干预者进行一次构想实验：研究人员需要想一想接受这样的干预是什么样的场景——例如，当收信人在出门上班前一边喝一杯咖啡，一边匆忙地打开了那封掉在门垫上的信。这样，官僚机构的做法更多的是以公民为中心，具有了公民而不是国家的思维模式。相关的基层人员参与也可以吸引那些机构外的人，这适合那些与当地公众关系密切的组织，如地方民选政府或志愿团体和社区团体。通过这种方式，"助推"议程就与官僚机构内部的其他趋势相辅相成，使其变得更加亲民和更具可响应性（参见 Fung 2006）。

有一种观点认为，重要的是官僚们不要就行为干预的设计进行过于广泛的咨询，因为如果公民发现对他们做了什么，可能就不会对助推作出回应：助推需要自动地、无意识地发挥作用。对于以公众为导向的政策来说，情况可能不是这样。事实上，让公民更多地参与政策设计和与助推政策建立联结，将有助于公民思考和反思政策结果（John et al. 2011），使行为干预越来越深入人心并被公民接受为合法的方式。

行为决策

行为公共政策的悖论在于，依靠公民有限认知能力作出的决策被政治家和公务员采纳和选择，而这些政治家和公务员本身要与他们的目标公民有着相同的思想和情感。当然，人们确实需要成为圣西门①（Saint-Simon）启蒙思想计划的信徒，才能认识到政治家和官僚们的角色不同于公民：他们负责作出决策，并为之负责；决策过程的设计允许进行深思熟虑，允许证据和反思发生；政治家有顾问、官僚和专家来帮助他们作出明智的决定，以防止执行草率和不加反思的政策。正如行为经济学的革命没有完全颠覆效用最大化的理念一样，大多数关于现代决策的描述都承认，信息过载会给决策者带来特定的压力，使他们转而使用依赖于人类偏见的启发式方法和捷径。从西蒙到艾利森（1971），再到金登（1984），再到鲍姆加特纳和琼斯（1993），对决策的经验描述强调了决策者必须行动的速度和他们选择的焦点，其中机会和定位以及其本身具有的吸引力可以解释为什么政策会被采用。现在，广泛而小心地收集证据及其评估，如调查委员会或官方报告，将被对信号和危机感的即时反应所取代，例如试图摆脱电视采访者所设下的陷阱，然后收回在全体选民面前公开宣布的政策承诺所需的代价，都已不足为奇。当政策这样被理解时，如果民选代表采用他们认为的必要程序来解决某件事情，即对证据的冷静思考和对替代方案的合理评价，公民就不能指望从他们的民选代表那里得到什么。公民和利益集团需要解决决策者本身的行为偏差。为了引起关注并让民选代表们承担责任，公民必须成为行为经济学的信徒，并成为发出政治家们乐于向他们发出的相同信号的管理者。

正是在这里学者们开辟了一个新的研究领域，即利用行为信号对精英进行实验。这种实验往往很少，但近年来此类实验却多了起来（可以参见 Grose 2014 关于它的评述）。一项

---

① 圣西门，法国科学家和社会改革家，空想社会主义者。

实验表明了这类信号的必要性。理查德森（Richardson）和约翰（John）（2012）随机分配参议员收到一封研究充分的游说信，或者一封研究不那么充分的信，但发现议员们的回应并没有区别。一项更符合行为的实验给立法者分配了一些他们打算投票的民意调查结果（Butler and Nickerson 2011），产生了积极的效果。民意调查让立法者们看到了一些最重要的东西，否则这些信息可能会在他们收到的大量信息中散失。在钦（Chin）（2005）和钦与其他作者（2000）的研究中，处理方式是要求与立法者进行个人会面，以影响回应性，这也是另一种寻求个性化信息的行为技术。在这些实验中使用的另一种方法是透明度，即让决策者的行动对其他人，尤其是选民是可见的。格罗斯（Grose）（2010）进行了一项实验，目的是表明是否告知代表出席立法会议会向选民汇报并告知媒体。所有这些技巧对政策制定者和公民都同样有效。

当然，这些都是孤立的研究项目，是在测试对信号反应的假设。但是，如果这种技术更容易被行动小组中的公民使用，以寻求对政策制定者的问责，那么实际上就会出现一种由公民对政策制定者实施的行为公共政策，形成一种使用行为洞察政策的无穷回归，即由使用行为洞察的公民处理，以影响使用行为洞察的政策制定者。这样一来，就可以通过传达对公民和公职人员都有利的合意交流行为信号来对抗和解决在决策和选择中都存在的偏见，公民会鼓励公职人员采取更亲社会的行动，这不是通过诉诸理性，而是通过利用他们的偏见和认知来达成。这并不是假设政治家和官僚没有积极地为公众利益而行动，而是他们可能会像公民一样背离美德。他们需要受到助推，以确保他们遵循自己设想的最佳利益。如果公民定期传达这些助推，就有可能改善公共决策的环境。然而，仅仅通过扩大助推的范围，不可能纠正当前行为经济学应用中固有的不平等和家长式作风。要做到这一点，需要团体的大量投入，让政治家承担责任。但已经有了一种机制，即通过互联网和社交媒体，政客的行为可以被许多观察家批评，反馈效果可以迅速上升，非常有效地传达规范和行为信号（参见 Margetts et al. 2016）。

当然，这里的愿景是宽容的，无论是对助推公民的政策制定者还是对助推政策制定者的公民都是如此。什么阻止了政策制定者为了个人利益（如连任），而鼓励人们接受本来不受欢迎的政策来使用助推这一手段？什么会防止公民团体利用助推来谋取部门利益，例如代表工人群体的强大工会或寻求市场优128势的私营公司？尽管助推并不那么高不可攀，原则上所有人都可以获得，但是，就像正常的游说团体之间的资源不平等一样，获得助推的机会也是不平等的。交叉核对也可能有助于确保这两套助推措施都能促使决策者作出更公平的决策。

结 论

行为公共政策是一种新的决策方法，可供官僚、政治家和公民使用。它运用行为科学的洞察，向决策者提供明确的选择，说明何种工具或行动方案可能会带来更好的社会结果。它运用了心理学的洞察方法，即最适合的激励对象会对激励措施和信息作出反应和行动，该方法依赖于被干预措施激活或吸引的受访者的认知和判断。这比直接呼吁遵守或行动更有效，因为后者可能导致缺乏信任或人们不采取行动，或者给已经忍受太多超载信息的个体带来太大的负担。在行为科学下，政策制定者以人为本，和个体决策产生共鸣，且与个体采取行动的社会背景相适应。相比使用他们必须选择的许多标准工具，政策制定者更有可能得到期望的回应。行为决策者的主要任务是在适当的环境中识别正确的信号。

有了这样的优势，今天的决策者利用行为议程就不足为奇了：它为处理公共问题和确保合理遵守政府的命令与愿望提供了一种常识性和实用性的方法。在节约成本和实现更多的亲社会行为方面，其好处是显而易见的。核心思想有可能在不同的职能领域、地理位置和治理层级之间转移，这就使得研究的任务是找出一种信号在特定环境下如何发挥作用。我们完全有理由期待，今天的政策制定者将继续实践行为公共政策。

行为理念的应用范围更广、更加雄心勃勃，它将重点从公共政策递送的中立价值观背景转移到公共政策的制定过程，在这个过程中，行动者就是授权行为助推的同一决策者。这方面 129 的任务更具挑战性，因为它依赖于公民和团体利用信号来助推政策制定者，使他们认识到公民和社会团体自己对公共产品的最佳理解。公民的助推有可能帮助政策制定者制定更好的政策，并反过来帮助公民进入一个自我强化的循环。这样一来，行为公共政策同时包含了政策制定和政策执行，这也是大约 40 年前公共政策创始人开始撰写决策文章时所设想的愿景的延伸。

参考文献

Allison, Graham T. 1971. *Essence of decision. Explaining the Cuban missile crisis.* New York: Harper Collins.

Baumgartner, Frank R., and Bryan D. Jones. 1993. *Agendas and instabilities in American politics.* Chicago: University of Chicago Press.

Becker, Gary. 1968. Crime and punishment: An economic approach. *The Journal of Political Economy* 76: 169–217.

Benartzi, Shlomo, and Richard H.Thaler. 2004. Save more tomorrow: Using behavioral economics to increase employee saving. *Journal of Political Economy* 112(1): 164–187.

Butler, Daniel M., and David W. Nickerson. 2011. Can learning constituency opinion affect how legislators vote? Results from a field experiment. *Quarterly*

Journal of Political Science 6: 55–58.

Cabinet Office. 2012. *Applying behavioural insights to reduce fraud, error and debt*. London: Cabinet Office. https://www.gov.uk/government/uploads/system/uploads/attachment_data/file/60539/BIT_FraudErrorDebt_accessible.pdf.

Camerer, Colin, Linda Babcock, George Loewenstein, and Richard Thaler. 1997. Labor supply of New York City cabdrivers: One day at a time. *The Quarterly Journal of Economics*. 407–441.

Campbell, Angus, Phillip E. Converse, William E. Miller, and Donald E. Stokes. 1960. *The American voter*. New York: Wiley.

Cartwright, Edward. 2011. *Behavorial economics*. Abingdon: Routledge.

Chin, Michelle L. 2005. Constituents versus fat cats: Testing assumptions about congressional access decisions. *American Politics Research* 33: 751–786.

Chin, Michele L., Jon R. Bond, and Nehemia Geva. 2000. A foot in the door: An experimental study of PAC and constituency effects on access. *Journal of Politics* 62: 534–549.

Cutts, David, Ed. Fieldhouse, and Peter John. 2009. Is voting habit forming? The longitudinal impact of a GOTV campaign in the UK. *Journal of Elections of Public Opinion and Parties* 19(3): 251–263.

Dawnay, Emma, and Hetan Shah. 2005. *Behavioural economics: Seven principles for policy-makers*. London: New Economics Foundation.

Dolan, Paul, Michael Hallsworth, David Halpern, Dominic King, and Ivo Vlaev. 2010. *MINDSPACE: Influencing behaviour through public policy*. UK: Report for the Cabinet Office.

Fung, Archong. 2006. *Empowered participation: Reinventing urban democracy*. Princeton: Princeton University Press.

Gerber, Alan S., Donald P. Green, and Christopher W. Larimer. 2008. Social pressure and voter turnout: Evidence from a large-scale field experiment. *American Political Science Review* 102(1): 33–48.

Green, Donald P., and Alan S. Gerber. 2008. *Get out the vote: How to increase voter turnout*, 2nd edn. Washington, DC: Brookings Institution Press.

Grose, Christian. 2010. *Priming rationality: A theory and field experiment of participation in legislatures*. Presented at New York Univ–Coop. Congr. Elect. Study Exp. Polit. Sci. Conf., 5–6 February, New York.

Grose, Christian. 2014. Field experimental work on political institutions. *Annual Review of Political Science* 17: 355–370.

Haynes, Laura, Owain Service, Ben Goldacre, and David Torgerson. 2012. *Test, learn, adapt: Developing public policy with randomised controlled trials*. London: Cabinet Office.

Haynes, Laura, Donald P. Green, Rory Gallagher, Peter John, and David Torgerson. 2013. Collection of delinquent fines: A randomized trial to assess the effectiveness of alternative messages. *Journal of Public Management Research and Theory* 32(4): 718–730.

House of Lords. 2011. Science and Technology Sub-Committee, 2nd report of session 2010–12, *Behaviour change*. London: The Stationery Office Limited.

John, Peter. 2013a. Political science, impact and evidence. *Political Studies Review* 11: 168–173.

130

John, peter. 2013b. All tools are informational now: How information and persuasion define the tools of government. *Policy and Politics* 41(4): 605–620.

John, peter. 2014. Policy entrepreneurship in British government: The Behavioural Insights Team and the use of RCTs. *Public Policy and Administration* 29(3): 257–267.

John, Peter, Sarah Cotterill, Alice Moseley, Liz Richardson, Graham Smith, Gerry Stoker, and Corinne Wales. 2011. *Nudge nudge, think think: Experimenting with ways to change civic behaviour.* Bloomsbury: Academic.

Kahneman, Daniel. 1973. *Attention and effort.* Englewood Cliffs: Prentice-Hall.

Kahneman, Daniel. 2011. *Thinking, fast and slow.* London: Penguin.

Kahneman, Daniel, and Amos Tversky. 1979. Prospect theory: An analysis of decision under risk. *Econometrica* 47(2): 263–291.

Kahneman, Daniel, Paul Slovic, and Amos Tversky. 1982. *Judgment under uncertainty: Heuristics and biases.* Cambridge: Cambridge University Press.

Kingdon, John W. 1984. *Agendas, alternatives, and public policies.* Boston: Little, Brown.

Leach, Steve. 1982. In defence of the rational model. In *Approaches in public policy,* ed. Steve Leach and John Stewart. London: Allen & Unwin.

Lindblom, Charles E., and David Braybrooke. 1963. *A strategy of decision: Policy evaluation as a social process.* New York: Free Press.

Loomes, Graham, and Robert Sugden. 1982. Regret theory: An alternative theory of rational choice under uncertainty. *Economic Journal* 92: 805–824.

Margetts, Helen, Peter John, Scott Hale, and Taha Yasseri. 2016. *Turbulent politics.* Princeton: Princeton University.

Marteau, Theresa M., David Ogilvie, Martin Roland, Marc Suhrcke, and Michael P. Kelly. 2011. Judging nudging: Can nudging improve population health? *British Medical Journal* 342: 263–265.

Oliver, Adam. 2013a. *Behavioural public policy.* Cambridge: Cambridge University Press.

Oliver, Adam. 2013b. From nudging to budging: Using behavioural economics to inform public sector policy. *Journal of Social Policy* 42(4): 685–700.

Park, Andreas, and Hamid Sabourian. 2011. Herding and contrarian behavior in efficient financial markets. *Econometrica* 79: 973–1026.

Richardson, Liz, and Peter John. 2012. Who listens to the grassroots? A field experiment on informational lobbying in the UK. *British Journal of Politics and International Relations* 14: 595–612.

Shafir, Eldar, ed. 2013. *The behavioral foundations of public policy.* Princeton: Princeton University Press.

Simon, Herbert. 1947. *Administrative behavior.* New York: Free Press.

Simon, Herbert. 1957. *Models of man.* New York: Wiley.

Sugden, Robert. 2004. The opportunity criterion: Consumer sovereignty without the assumption of coherent preferences. *American Economic Review* 94(4): 1014–1033.

Sugden, Robert. 2013. The behavioural economist and the social planner: To whom should behavioural welfare economics be addressed? *Inquiry: An Interdisciplinary Journal of Philosophy* 56(5): 519–538.

Thaler, Richard H., and Cass R. Sustein. 2008. *Nudge: Improving decisions about health, wealth and happiness.* New Haven: Yale University Press.

131

第八章　工具研究路径

海伦·玛格茨　克里斯托弗·胡德

133　　许多公共政策研究人员都曾使用——并且现在仍在使用——"工具"或"手段"的研究路径来理解当代政策制定的复杂性。将"公共政策"这一复杂、抽象的概念分解为一个更平实的比喻，即各种工具的结合，颇具吸引力，它有望使公共政策的研究变得更简单、更容易理解。"工具"研究路径吸引人的另一个可能的原因是，它提出政策问题是可以解决的，就像大多数房子问题，实际上，可以用一个在DIY商店里买到的相当简单的工具箱来解决，或者像大多数牙齿问题也可以由一个牙医来解决，只是需要使用一系列限定的定制仪器。

　　本章重点介绍近几十年发展起来的制定政策的各种工具或手段。首先，本章阐述了该研究路径的优点，并概述了它的主要的拓展形态。其次，在总体上讨论了该研究路径的优缺点，134　并对每个视角进行了具体分析。第三，本章讨论了使用这一研究路径所面临的挑战，即每一种变体①如何应对政策制定环境的变化，其中，重点讨论了一种特别快速和重要的变化——政

---

　　① 拓展的各种不同形式。——译者注

策制定的数字工具和数据的获得和使用，以及整个社会对此类工具的广泛使用。第四，特别通过本章和其他章节的作者开发的工具方法展示了如何克服这一特殊挑战。

它从何而来，为何不同？

工具研究路径与其他观察或分析公共政策的研究路径有何不同？如上所述，工具研究路径的一个主要吸引力在于它可以简化这一复杂的概念，使抽象的政策概念更加具象化。例如，将公共政策分解成不同的要素，可能有助于比较不同部门、不同地点和不同时间的政策制定，或者有助于政策评估过程。它还意味着能动性或控制，这与隐含的路径依赖的（比如）制度研究路径又不同。它概括了这样一种观点，即当需要作出选择时，工具的选择可以使政策制定得更好、更有效，或在某种程度上实现社会最优。

> 公共政策从根本上被设想为务实的——也就是说，它是一种通过工具解决问题的政治和技术路径；它认为这些工具是"天然的"；这些工具被视为"任由公共政策支配"；他们提出的唯一问题是，这些工具是不是实现一组既定目标的最佳工具；公共政策的一系列核心问题都围绕着工具有效性而展开。（Lascoumes and Le Gales 2007）

如果我们能够考虑到政策制定者对任何特定政策的不同选择，并回顾过去，看看作出特定选择的结果，那么我们就可以开始思考什么是最佳选择，从而找出在特定情况下什么可行，什么不可行。从分析的角度来说，它使我们有办法区分不同类型的政策，为我们制定公共政策提供了一个分类方法。

然而，这些优势因所使用的手段或工具方法的类型而有所不同。并非所有基于工具的研究路径都能消除复杂性，特别是当它们提供了一长串可能的工具清单，而这些工具之间几乎没有明确的分析区别时更难以判断。有的方法侧重政策制定者的135 实际选择，缺乏分析效度，有的方法则单纯侧重在事后分析政策，而不提供选择的思路。基于此，我们首先对已经使用的主要研究路径进行简要总结。

基于工具可供选择的研究路径

政府工具研究路径的差异主要在于政府的政策如何作出和谁来制定政策。这是一个连续变化的光谱。作者们从一方面可以讨论政府内部组织、制度复杂性或者政府背景下决策者之间的差异的一端，到光谱的末端，完全将政府视为"暗箱"，仅在政策所触及的外部世界层面考虑工具之间的差异，以及工具如何改变整个社会中个人、集体和组织的行为。

在"政府内部"或"制度导向"这两个不同光谱端，有一些侧重于公共政策实施的不同且特定的组织形态；事实上，这是公共行政传统使命的核心。要做到这一点，一种方法是根据公共部门、私营企业或社会组织或某种组合（如公私合作伙伴关系）是否提供服务或公用事业，或对某一行业进行监管来考虑各种变体。在许多国家，这些都是有激烈争议的议题，因此，从可选择的组织类型角度来构思工具显然很重要。

这种"制度导向"方法的一个例子是莱斯特·萨拉蒙（Lester Salamon）（2002）的《政府工具》（*The Tools of Government*）[是早期著作《超越私有化》（*Byond Privatization*）（Salamon

and Lund 1989)的发展],该书相当重视各种形式的公私伙伴关系。为公共政策获得新的制度形式构成了萨拉蒙的一般论点。而这种新型制度形式是 20 世纪 80 年代至 21 世纪初期与"新公共管理"兴起相关的"新治理"范式的核心。奥斯本（Osborne）和盖布勒（Gaebler）在 1992 年出版的《重塑政府》（*Reinventing Government*）一书中热情地采纳了这些新的制度安排，这可能是第一本（极少数）论述公共行政的畅销书，并成为 90 年代克林顿—戈尔政府国家绩效评估关键的政纲支撑。　136
奥斯本和盖布勒借鉴了萨拉蒙的早期工作，在《重塑政府》一书末尾的附录 A 中提供了他们自己的"工具"或"替代性服务提供方式选项"清单（pp.332-346），但在他们的例子中，这些选项恰好是一份由 36 个选项组成的（长）清单，对于这些选项是如何产生的，几乎没有分析推导或解释。

在光谱末端的另一种工具研究路径可以被描述为工具选择的政治学研究路径，它聚焦于政府选择使用的任何工具背后的政治。这种方法可以追溯到历史学家的论点，如阿克尔克内希特（Ackerknecht 1948），他探讨了 19 世纪欧洲国家控制传染病的不同方法，认为威权主义国家和自由主义国家采取的方法并不相同。后来，鲍德温（Baldwin）（1999）进一步发展了这一论点，将它用于更现代的疾病，如艾滋病的控制方法。工具选择的政治学研究路径是由本书作者之一盖伊·彼得斯和他的同事斯蒂芬·林德（Stephen Linder）（1989，1992，1998）在政治学领域内发展起来的。他们区分了理解公共政策工具的四种方法，对比了他们所称的"工具主义者"（那些专注于并经常寻求支持某种特定工具的人，例如那些将价格机制视为解决所有政策问题的答案的经济学家）；"程序主义者"（他们认为工具选择是政治过程的产物，这些过程对每种情况都是如此复杂和独特，以致不可能对"适当性"作出任何总体评估）；"权变主义者"（他们认为工具使用的适当性取决于任务类型，例如在"遵从文化"和抵制政府政策的文化之间权衡不同的任务情况）；以及"建构主义者"（他们认为工具使用的适当性取决于主观的和有争议的意义）。他们主张用"建构主义"取代工具性或权变性作为主导方法，认为"人们越来越认识到，工具的选择并不是简单地将明确定义的问题和同样明确定义的解决方案相匹配的机械过程。相反，它从根本上是一个建构现实并试图在其中发挥作用的智力过程"（Linder and Peters 1998，p. 45）。同样，与制度工具的方法一样，这种观点涉及深入决策过程内部，以区分不同类型的决策者，而不是将政府视为"暗箱"。

然而，（正如胡德和玛格茨 2007 年所做的那样），可以说如果不对原则上可用的工具进行某种总体分类，就无法将政策参与者所喜欢或认为优越的工具与其他具有不同意识形态或认知看法的个体所选择或感知的工具进行比较，以对抗这些行动者的看法。从这个意义上说，这种研究路径并没有真正为未来的政策制定者提供选择政策工具的选项，除非它认为自己属于所提出的一种类型；它假定存在这样一种分类作为出发点——无论是以制度类型的形式还是以更广泛的干预方法的形式——来探讨政治行动者为什么选择他们所用的政策工具。这是因为，要理解它就必须将特定决策者为解决他们所面临的问题而选择的工具与那些他们本可以选择，但要么没有看到，要么没有使用的工具进行比较。

为了应对这种对工具政治学研究路径的挑战，皮埃尔·拉斯科梅斯（Pierre Lascoumes）和帕特里克·勒盖尔斯（Patrick Le Gales）（2007）在《治理》的一期特刊中支持他们所说的公共政策政治社会学，认为"通过强调政策工具的政治社会性，我们可以强调与工具相关的权力关系，以及与不同政策工具动态相关的合法性、政治化或去政治化议题"。他们认为，必须超越功能主义研究路径，从构建政策工具的角度来看待公共政策："公共政策工具不是完美的价值中立的工具，也不是平等可获的工具：相反，它是价值的承载者，对社会的解释和对设想的监管模式的精确定义推动了它的发展。"通过这种方式，他们提供了"元工具"来理解政策制定环境的复杂性。

　　在"政府内部"和"暗箱"光谱范围之间的一个端口，是对工具包进行分类的一般性"无制度"研究路径。与其他研究路径一样，这种一般性研究路径可以追溯到现代政策分析之前的时代。例如，在 18 世纪末和 19 世纪初，功利主义哲学家杰里米·边沁（Jeremy Bentham）就非常专注于对控制犯罪（例如，通过监禁囚犯或将其运送到澳大利亚）和提供公共服务的一些不同方式进行分类。而经济学家们长期以来一直关注的是为经济政策实施确定不同的通用工具，例如，在区分价格机制和配给制度方面做的工作。也许对政策工具最广为人知的通用描述是将"胡萝卜、大棒和训诫"作为干预和控制的替代方法加以区分，这起源于 20 世纪 60 年代著名社会学家阿米塔伊·埃齐奥尼（Amitai Etzioni）（1961）对组织控制类型的分析，该分析由埃弗特·韦唐（Evert Vedung）拓展并引入公共政策文献中（Bertelmans- Videc et al. 1998，1998）。

　　虽然"胡萝卜、大棒和训诫"可以在任何组织中使用，但专门为政府开发的无制度工具研究路径是由胡德（1983）首创的，后来，胡德和玛格茨（2007）为适应数字时代而将这一方法进行了拓展。这种方法认为，对于任何政策问题，政府都有四种基本工具可供支配：信息节点，即处于社会和信息网

138

络中心的特性；权威，即合法的或正式的进行命令或禁止的权力；财富，即拥有可以交换的货币或可互换的动产；组织能力，即拥有大量的人员、技能、土地、建筑和技术。为了完善分析，又将 NATO 的四个工具——信息节点（nodality）、权威（authority）、财富（treasure）、组织（organization）分别分解为"影响"和"检测"工具，即用于收集信息以及以其他方式改变或塑造行为的工具。在这种方法中，任何政策解决方案都将由这些工具的某种组合而构成，每一种工具都有优势和劣势，例如，或多或少的费用或可再生性。在公共政策文献中，基于这种方法产生了一些变体。埃尔莫尔（Elmore）（1987）将政府工具设想为基本干预战略的四重划分的变体，包括授权、诱因、能力建设和制度变革。安妮·施耐德和海伦·英格拉姆（1990）对这一研究路径进行了详细的阐述和修改，提出了一个非常相似但具有五重的分类，包括权威工具、激励工具、能力工具、象征或劝勉工具和学习工具。

在"制度工具"和通用研究路径的光谱范围的中间地带，有一些基于工具的公共政策观点，它们混合使用制度和通用工具来构成其工具包。同样，这里也有先例；甚至在 20 世纪 50 年代初，著名的美国公共政策学者罗伯特·达尔（Robert Dahl）和查尔斯·林德布洛姆（Charles Lindblom）（1953）就试图将政府可利用的一系列社会经济手段编录分类，作为制度工具和通用的无制度研究路径的混合体。也许最广泛的混合研究路径来自加拿大公共管理学者迈克尔·豪利特（Michael Howlett）（1991，2000，2005，2007，2009a，b）。在他参与撰写的书（Dobnzinskis, Howlett and Laycock 2007）中的一章中，他在早期工作的基础上，在胡德政府工具（豪利特称其为"实质性工具"）的 NATO 基本类别以及一系列程序性工具（如教

139

育、培训、制度、正式评估和机构改革）中，豪利特提出了政策工具的"分类学"。对于这些类别中的每一类，他都提出了政策工具光谱，涵盖了从自愿到强制的国家供给水平的渐变范围。他接着确定了一系列因素或变量，这些因素或变量影响着特定方向的工具选择。在这里，他使用市场的特定组织类别、直接供给、监管，以及志愿性工具、社区工具这些分类来进行探讨。这些不同的分类和细分意味着他积累了相当丰富的工具箱。例如，在豪利特（2005）的书中，他在之前工作的基础上详细描述了一系列"实质性"和"程序性"工具范围，分别将它们分为 10 个和 12 个子类别。

最近，彼得·约翰在《让政策运转起来》（2011）一书中，将这种混合方法类型化，他提出了"七[①]大杠杆，表现为政府可在不同程度上操纵的资源，以影响公共政策的结果"。其中，有两个是"无制度"的工具——公共支出和税收，以及法律和法规，而有三个工具是基于政府的内部运作——制度和体制改革、官僚体制和公共管理。另外两个工具被作者定义为"非标准"——信息、说服和审议；以及网络和治理。在这些"非标准"工具中，前者可能被视为类似于胡德和玛格茨所说的"信息节点"，后者"网络的软杠杆"更多的是关于治理体系的，但由于几乎超出了国家或其他公共行动者的能力范围而被分离出来。从这个意义上说，这种研究路径并没有把政府当作一个"暗箱"，因为作者认为国家与社会之间没有明确的边界线；所以他主张"柔性、间接性以及模糊的当代治理边界"——但与此同时，他可能会被指责将"工具"的概念模糊到几乎不可能有效运用的地步。

[①] 原文为六，疑为七。——译者注

表 8-1 总结了各种研究路径[①],展示了哪种研究路径将政府内部制度或政治作为关键方式来予以区分，或哪种研究路径依赖于通用政策工具分类法，并对政府采用"暗箱"研究路径进行研究。该表还考虑了哪种研究路径简约，即用最少的类别数量，或哪种研究路径更"厚重"，即有一长串的类别清单去涵盖每一种可能性和每一种备选方法，描述了政策工具从简约到丰富的程度范围。

140

表 8-1　工具研究路径的变体

	制度工具 工具选择的政治 （政府内部）	混合研究路径 → 	通用工具方法 （"暗箱"政府）
先驱	阿克尔克内希特、鲍德温	达尔、林德布洛姆	边沁、埃齐奥尼
简约 ↓ 厚重	彼得斯和林德 萨拉蒙 *	约翰 拉斯科梅斯和勒盖尔斯	韦唐、埃尔默、 胡德以及胡德和玛格茨
	奥斯本和盖布勒	豪利特	施耐德和英格拉姆

* 原文为 salaman 疑为 salamon。——译者注

工具研究路径面临的挑战

任何基于工具的研究路径都面临着一个关键挑战，即我们可以用它来做什么？它如何帮助我们理解政策制定，例如，比较一段时间内的政策或探讨各管辖区之间的政策差异？它在多大程度上可以用来改进政策制定，使其更有效率、更有作用、更公平或更合乎道德，或者至少可以用来评估已经执行的政策，以便吸取经验教训，在未来制定更好的政策？前述的各种研究

---

① 按照学者来分类，每一位学者都提出了不同的工具方法。——译者注

路径以不同的方式接受了这些挑战。

对于理解公共政策并使我们能够对不同的政策进行比较，所有研究路径都面临着简单和全面这两种特性间的权衡。不同的研究路径提供了不同的政策分类，从最基本和最简单的"胡萝卜、大棒和训诫"方法到最复杂的混合方法，这些方法努力去整合政策制定的所有可能方面。"胡萝卜、大棒和训诫"的分类是最简约的，最容易取得效果。但有一些工具不容易归类在这种简约的标题下。一个例子是，环境通过物理或数字结构来塑造行为，使违规行为无法发生，或者使违规成本非常高，例如，在体育赛事附近或人行横道附近用围栏围住以塑造群体形为，这一系列活动——有时被称为"架构"。如在数字编码相关的文献（Lessig 1999）中，或在行为"助推"实验语言中的"选择架构"（Thaler and Sunstein 2008）中——确实不能被强行纳入"胡萝卜、大棒和训诫"三分法之中。但这三分法历来是政府收集信息和塑造行为的最重要方式之一，因为从边沁到福柯，哲学家们一直将其视为政府活动的核心方面，而且很可能会继续如此，特别是在数字技术的背景下也会如此。

胡德（1983）与后来的胡德和玛格茨（2007）对政府方法工具的研究都是非常简约的，而且最具有概念基础，它的理论和概念基础植根于控制论、控制的基础科学以及区别于一般组织的政府基本和独特的属性。它并不打算全面地将所有可能的组织工具或形式纳入，但它确实声称能够依据公共政策工具组成来详尽地讨论任何公共政策。这样一来，NATO 的四种工具至少可以通过两种方式进行比较分析：一是评估政策随时间的变化而发生的变化，二是比较这些工具在不同政府、各级政府或政府机构中的使用方式（Hood and Margetts 2007, pp. 126–143）。例如，各国对待公共财富的方式千差万别，从中国或印度约占国内生产总值（GDP）17%的税基，到瑞典约占GDP45%的税基，反映出政府将财富用于向公民支付福利和保护环境的程度存在巨大差异。同样，尽管在实践中，所有政府部门或机构都会混合使用多种工具，但可以根据它们所使用的主要工具来对其进行分类。例如，一个外交部或国务院往往以信息节点为主要工具，因为它的运作依赖于身处各种信息网络的中心，而信息网络往往缺乏大规模的组织能力、财政资源或法律权威，除非信息网络与其他部门相联系。

基于制度的研究路径不太适合进行这种比较分析。它们显然在分类编目政府可用的不同组织形式方面发挥了积极的作用；深入研究选择不同政策工具背后的政治和认知过程，可以为政策过程提供重要的洞见。但这些论述往往是基于控制或管理干预战略的启发式清单，而在大多数情况下，这些战略的基础基本上是隐含的。例如，萨拉蒙（2002）的政府工具采取了一种宽泛的、折中的观点，并认为"工具"可以从许多不同的维度来理解（从中挑出"直接性"、可见性、强制性和自治性等方面来予以特别注意）；但萨拉蒙挑出的工具性的四个维度或14个模式是由什么基础性的种类来支撑的，还远未明确。奥斯本和盖布勒的36点方案离任何基础性的概念框架更加遥远。他们在长达14页的附录中说明了哪些工具适合于哪个部门，但这种匹配仿佛是凭空出现的。因此，相较于提供一个易于记忆并在任何时候发挥作用的分析框架，这些方法只有在分析者面前摆着这本书的时候才能真正帮助他们理解。

其他的混合研究路径，如约翰提出的研究路径，更有豪利特提出的研究路径，都是综合性的，从这个意义上说，它为读者提供了一种"整体公共政策"研究路径，但这样做就失去了简约性和分析推导性，也丧失了利用不同工具对特定公共政策

142

进行明确选择的理念。豪利特提供了一系列非常复杂的分类，以致很难确定政策制定者可以在其中作出何种选择。这些研究路径将所有内容都包括在内，但是，这种令人眼花缭乱的一组工具分类并不能完全弥补因简约而失去的全面性。总体而言，这是混合研究路径的挑战。

那么，各种研究路径如何解决政策评估的问题：例如，提供一种方法来评估所选工具是否比任何现有的备选方案更经济、更高效、更起作用或更公平或更合乎道德？在这里，乍一看，"制度工具"或"工具政治"的研究路径似乎占了上风。它们致力于理解国家的内部运作，及其对新出现的政策有什么影响。例如，萨拉蒙的方法有可能导致研究人员关注不同的制度形式在效率和效能方面的表现，从而更容易评估政策或服务的成本（尽管这种研究路径的支持者倾向于采用一种规范的信念，即私营部门的解决方案在可能的情况下更有效，而不是实际开始评估）。此外，这种方法可能被当作用来评估公民如何参与政策制定的工具，使分析人员能够了解这些工具在多大程度上可被视为公开透明的或民主的。例如，如果一项政策是由私人机构而不是公共机构实施的，受合同条款和条件的约束，公民就不太能够投入政策制定或服务供给中。

与此相反，在光谱的另一端，通用工具方法将排除对这些问题的讨论，因为没有机制来观察不同的政策如何导致出现或多或少有效的行政或体制形式。然而，我们可以思考什么是好的工具选择以及什么会导致"明智的"政策设计（Hood and Margetts 2007，p. 144），例如，通过考虑哪种工具的组合适用于哪种政策"工作"，哪种工具在什么情况下有效，同时，还要考虑哪些工具能满足伦理标准（如正义和公平）以符合政策选择的道德。由于这种工具研究路径可能是最有力的评价技术，尽管不是在货币费用的意义上，工具组合也可能会被放在经济的方向下予以考虑。胡德和玛格茨（2007）认为，从政府和公民的角度来看，必须尽可能经济节约地实现预期的政策效果，包括在政府资源"支出"上的节约，以及在填表、义务，以及明显可见的政府活动标志等方面给公众带来最小负担。从后一种意义上说，经济节约意味着不会有非绝对必要的"麻烦、烦恼和压迫"（Smith 1910, p. 309）出现在广大民众身上。支出节约和填表等减轻公民负担的两种可能的经济方式并不必然地走向同一个方向，因此要对如何使用工具以满足这两个目的进行精密的分析。这两个方面不仅相互冲突，而且"经济"的要求也可能与政策制定的一些道德方面相冲突：例如，就最大限度地减少官员工作和对广大民众的影响而言，违法者监禁似乎是治疗酗酒者最经济的方式，但它无疑会引发一些道德谴责。

用"手段即工具"的研究路径进行分析是不可能的。例如，对政府可利用的不同组织形式进行分类，只有补充对这些组织能够使用或可能使用的干预手段的分析，这些分类说明才有意义。一般而言，当涉及权威极度密集的政策手段时，往往使用的是政府核心的组织，而信息节点和财富的使用往往委托给一系列其他组织形式，如特殊目的权力机构或契约组织。但是这个规律也有一些例外，位于政府核心的财政部就是最明显的例子。大多数的通用方法——以及一些混合方法——都在通用意义上使用"组织"——"组织能力"（Hood 1983）或"官僚制"（John 2011）。直接使用人员和设备进行这样或那样的实体性处理，显然不符合任何单个的行政组织形式。既有处于政府"核心"的机构，如军队和警察，也有名义上独立于政府的机构，如与政府签订合同的私营公司或情报机构。事实上，在分析上将政府工具的通用描述和政府机构形式类别分开分析的

144

好处恰恰在于，机构类型和干预方法不一定总是紧密相连。

应对不断变化的（数字）世界

以工具为基础的研究路径来理解公共政策——或者说本书所讨论的任何研究路径——的真正考验在于它们是否能够应对不断变化的世界，例如，通过提供一种方法来理解公共政策如何随着时间的推移而变化，以应对外生事件。毕竟，公共政策是理解、处理甚至改变政府以外世界的事务，所以治理的一部分就是跟上社会或环境的变化。

在过去几十年中，特别是自互联网和社交媒体的使用变得普及以来，政策制定环境的关键变化之一是社会和政府对数字技术的广泛使用。首批被广泛应用于日常生活的数字技术，带来了社会创新，并改变了普通公民的工作、购物、社交、组织、娱乐、信息和教育以及相互交流的方式。这些技术和应用还与社会动员、示威和抗议活动的兴起有很大关联，这些活动导致一些威权体制崩溃——例如，2011年的"阿拉伯之春"——它们对全世界的民主国家也构成挑战，特别是自2008年金融危机以来（Margetts et al. 2015）。因此，政府能够或不能通过政策制定影响外部世界的方式正处于一个不断变化的时期。各国政府长期以来一直在使用这些技术；从20世纪60年代起，政府领导开发了用于行政运作的大型信息系统，从那时起，复杂的信息系统已经成为包括政府在内的各种组织不可或缺的一部分，为政策创新、替代性的组织形式以及与公民互动的方式提供了新的可能性（Margetts 1999；Dunleavy et al. 2006）。但随着互联网的出现，政府在利用这些可能性方面往往落后于公民，所以公民比政府更早、更大程度上使用首批数字技术，而我们

145

才刚刚开始了解它们对政策的影响。

从理论上讲，之前讨论的任何"工具"研究路径都可以帮助探索数字技术的广泛使用给一系列政策工具带来什么不同，从而对政策制定产生什么影响。他们往往不习惯这样做，主要是因为研究公共政策和行政管理的人——"工具"学者和关注数字技术如何塑造社会变革的"互联网"学者——往往生活在不同的世界（Hood and Margetts 2007）。但是，在一个快速变化的世界中，任何旨在理解当代政策制定和帮助快速变化的世界中的政策制定者的研究路径都需要考虑技术变革带来的变化，这些变化既包括数字化社会对治理构成的挑战，也包括政府利用数字技术（比如提高效率或以创新方式与公民互动）的新机遇。

任何一种制度工具的研究路径，其重点都将放在"数字治理"时代政府可用的一套不断变化的机构和组织安排上（Dunleavy et al. 2006；Margetts and Dunleavy 2013）。数字技术长期以来为各种形式的私有化和在全球范围内进行外包铺平了道路，这在前数字时代是不存在的（Margetts 1999；Dunleavy et al. 2006）。关于这种发展在地理意义上对组织进行重塑的方式，已经有很多论文，例如，曾经与战略单位或一线供给单位在同一地点发挥作用的"后勤部门"，现在由工人在部门人员自己的家中就可以展开工作，他们分布在不同的地区、国家甚至不同的洲。数字技术大幅降低了某些活动的交易成本，促进了数字劳动和微观劳动市场的兴起（Lehdonvirta and Castronova 2014），并为公共服务和公用事业开辟了新的市场，从而使新的组织形式成为可能。例如，电力活动是一种一旦发电就无法随时储存的商品，这意味着在20世纪初电力生产发展的时候，现货市场并不是真正能实行的（事实上也是不可想象的），实际上唯一的组织选择是直接的国家组织或受监管的私人垄断。但到了 20 世纪末，通过数字技术，虚拟电力现货市场成为可能，创造了一种不同（商业市场）供应商结构的可能性（参见 Foster 1992, p. 73），同时也为天然气和电话等公用事业的用户提供了新的可能性，使他们可以在其他供应商中进行选择，而这种选择在前数字时代是不可能的，或者成本很高（Hood and Margetts 2007）。从那时起，客户看不到实体存在的虚拟组织在世界各地大量涌现，虽然它们大多在政府之外，但它们确实提供了新的合同安排类型以及与公民互动的方式，这在 20 年前是不可想象的。

　　尽管林德和彼得斯（1992）没有讨论这一议题，数字技术也为政府工具的政治方法提出了重要的问题。我们期望这种方法将集中于政府使用数字技术，而不是由公民使用——就像在这里政策制定者面临选择一样。从表面上看，技术似乎是所谓的"工具主义"的一个夸张案例。数字技术往往被政府当作或被介绍给政府，作为解决与传统官僚运作相关的许多问题——如高成本、不灵活、超负荷、难以溯源、行踪不定的违法者等——的灵丹妙药。因此，至少自 1993 年《美国国家绩效评估报告》（*US National Performance Review*）将信息时代的技术描述为通往几种官僚救赎的途径以来，甚至自因特网出现以来，数字技术在很大程度上是以一种乐观的、没有权衡的政治愿景来描述提供公共服务的新方式，可以"以更少的成本做更多的事情"。但在推动这一政策的"工具主义"方面，利益可能同样重要，研究表明，政府自身的信息系统和数字技术外包催生了全球计算机服务供应商向政府提供服务的大市场，在一些国家（如英国），这些市场是高度集中和寡头垄断的（Margetts 1999; Dunleavy et al. 2006）。历史上明显的相似之处是，19

146

世纪的欧洲，许多种类的军火制造从国家军火库主导的领域转为与政府有密切联系的私人军火公司主导的领域。如果说 19 世纪和 20 世纪初见证了军工企业复合体的崛起，那么 20 世纪末则见证了信息产业复合体的崛起，大公司利益集团将数字时代的技术视为一种寻找问题解决的通用方案——当然，解决方案往往会变成问题，就像无休止的政府信息技术事故和麻烦的合同关系所显示的那样（Margetts 1999；Hood and Margetts 2007；Dunleavy et al. 2006，2008）。然而，总的来说，除了这种"一刀切"的政策变化以外（就像英国 2010 年联合政府的"默认数字化"计划一样），工具政治的研究路径在区分数字时代变革对政策的不同影响方面能做的不多，因为它往往以一种与政治无关的方式呈现，使其对所有可能的政策制定者都具有吸引力。此外，任何将工具概念化为政府内部工具的研究路径，在整个社会发生变化时都会受到挑战，例如数字技术所带来的新的通信和协作机会会助推动员和集体行动增加。

在光谱的另一端，用通用的"无制度"研究路径来分析政府的工具——对通用的行动形式进行分类，以探索替代方案和组合方案——最适合于理解数字时代社会的变化，以及它给政府带来的挑战。对于这些研究路径来说，数字时代提出的问题是，新技术在多大程度上以及以何种方式改变了工具箱内的每一种工具。对于这种通用研究路径来说，在某种程度上，政府可利用的基本资源并不随着技术的变化而改变，因此工具库是不变的。"胡萝卜、大棒和训诫"或"信息节点—权威—财富—组织"在数字时代和其他任何时代一样，仍然是基本原则。从这个意义上说，数字技术并没有给政府带来与信息节点、权威、财富、组织相同结构的全新工具，也不能像 19 世纪的

"铁路时代"①给法律带来了全新原则一样（参见 Holmes 1920，p. 196）。

　　然而，数字技术确实对政策制定者如何使用这些工具产生了影响。也就是说，这些技术可能会"磨砺"这些工具，使它们更容易被使用或在被使用时更有效，也可能会使它们变钝，使它们在一个精通技术的社会中更难被使用。它对所有工具都有一些普遍的影响：胡德和玛格茨（2007）观察到了一种普遍的"窄幅投射"效应，即所有四种工具都可以更容易地针对不同的人群，而全面覆盖或针对个人的互动并不一定会变得容易。英国保守党在 2015 年大选期间，在社交媒体平台上使用定向广告，瞄准特定社交类型或购买特定产品的人，就是一个很好的例子——实际上，他们当时并不是一个政府在做这些事，但可能应用类似的策略让人们意识到公共健康风险、福利的变化或者新的税法。在最先进的形式中，这种窄幅效应可以投射缩小到治疗的个性化，就像基于人们的基因识别（Dudley et al. 2014）或其他个人特征的个性化医疗的举措一样。事实上，大规模数据的可用性和算法的发展，在理论上应该允许福利的个性化——尽管在英国，这一举措是相反的，2013 年英国开始推行的福利变革，引入了福利上限、全民福利和卧室税。

　　然而，最有趣的影响可能来自对个别工具的审查。以组织能力为例，可以说总体上是从利用政府人员、建筑和设备的存量，转向更加信息化（或节点化）的方式，网络平台可以以一种平权管理的形式利用公民（Margetts and Dunleavy 2013），他们管理自己的事务，就像网络银行让人们从他们的银行手中接过一些责任（和一些行政工作）一样，减少了对组织能力的

148

---

　　①　主要指蒸汽机的发明使得交通工业领域出现巨大的变革。——译者注

需求。通过移动医疗，患者可以在自己的家中监测慢性疾病，并与健康卫生人员进行反馈交流，也可能减少对组织能力的需求（例如，在护士测量血压方面）。

相反，在互联网、社交媒体和移动通信无处不在的社会里，权威的工具可能会变得更加难以使用。政府可能难以跟上精通技术的公民的步伐，特别是当公民起义、暴动、叛乱或反叛时，如 2008 年针对金融危机和紧缩政策的大规模抗议和 2011 年"阿拉伯之春"，以及自那时以来许多国家在某种程度上的运动。

149 最重要的是，互联网和社交媒体的广泛使用可以挑战政府的节点性。胡德在 1983 年工具研究路径的最初阐述中，将节点性定义为政府"凭借作为政府"而拥有的东西（Hood 1983），但在 21 世纪，节点性——嵌入在社会和信息网络中——作为"点对点"网络被赋予了互联网的所有用户，为普通公民提供了前所未有的能力，使他们能够在自己的大规模网络中接收、分享和传播信息。信息节点的普及化是互联网融入日常生活最令人兴奋的特征之一，但它对政府提出了特别的挑战。失去信息节点，政府就等于放弃了权力，甚至放弃了作为一个国家的意义。在"9·11"事件中，命运多舛的美国联合航空公司 93 号班机上发生的事件悲剧性地说明了这样一点，公民利用一系列移动通信获取节点的速度和效率远远超过任何国家组织，他们组织了一场反对劫机者的抵抗活动，尽管他们试图挽救从新泽西飞往旧金山的 UA93 号航班上的旅客生命，但最终没有成功（Dunleavy and Margetts 2015）。在每一信息节点上，有组织的乘客都比国家实体更有节点性，从其他公民（亲属和朋友）那里获得的信息比从美国联邦当局获得的信息要好得多，而美国联邦当局在了解情况方面总是落后好几步，他们的信息和决策能力表现出巨大的差距，在被劫持的飞机上，他们没有办法与驾驶舱外的任何人联系——例如，可悲的是，没有任何工作人员、乘客或乘客亲属有任何紧急号码可以让他们与联邦航空管理局、国家安全局或治安人员直接联系。

　　数字技术，或者更确切地说，社会与这些技术的关系，对每种工具的影响方式因环境的不同而有很大不同，因此调查数字技术和工具之间的关系在部门层面上也是有用的。例如，如上所述，在医疗保健领域，组织能力可能会降低，但在其他情况下，如应对现代犯罪活动和恐怖主义威胁所需的网络安全专家"军队"的组织能力可能不得不提高。同样，在某些情况下，节点性也更容易得到保障——比如医疗，确实如此，人们有强烈的动机与医疗机构或福利机构直接沟通和合作。在其他方面，例如税收或安全，保持对节点的控制是至关重要的，但这可能更困难。此外，政府和公民都面临着来自其他方面的节点威胁，例如，所谓的"钓鱼"网站欺骗公民为政府免费提供的服务付费，如获得健康保险卡或申请公民身份。

　　那么，在整合数字变革的影响方面，"混合"工具研究路径有多大用处呢？在最复杂和最具差异化的情况下（Salamon 2002；Howlett 2011），考虑以任何有意义的方式改变模式是不太可行的，尽管豪利特（2009b）在讨论政府传播作为一种政策工具时，在松散地节点概念的基础上，也讨论了"电子通信"。但是，约翰（2011）的模式已经发展到直接解决这个问题，他认为"现在所有的工具都是信息性的"（2013），并且所有干预措施的关键是提供信息来改变行为。约翰（2013）提出，"提供一种政府工具，如新法律或新税收，与公民或组织如何接收有关它的信息之间是有区别的"。他认为，基于实验性"助推"方法的行为干预——一本同名图书（Thaler and Sunstein 2008）普及了这一方法，特别是由英国政府行为洞察

150

团队开发的行为干预，是引入和制定政策的最佳方式，可以从其他工具的"支出"中分担一些负担。在某种程度上，这可以被解释为对节点（在胡德的术语中）的重要性的认识和对选择结构作为一种工具的鉴定（如上所述，助推在通用方法中是缺失的），但在另一种意义上，它错过了这个词所体现的中心性和能力的概念。毕竟，如果没有节点性，没有跨人群的信息传播能力，就不可能助推。然而，归根结底，这种混合研究路径和通用鉴定并没有太大的区别。在 NATO 模式中，大多数政策实际上是可用工具的组合，问题是在这种组合中强调节点性，而不是完全用（如）权威性来代替，这很难行得通。因此，所有工具都依赖于政府向公民传达信息的能力——并说服他们遵守——这一观点与"现在所有工具都是信息化的"这一论点是相称的，而明确承认信息节点的重要性可能会增强"重新调整国家工具"的潜力（John 2013）。

结 论

151　　工具研究路径是理解政策制定的一种有吸引力的方法，因为它似乎提供了将复杂的政策概念分解为各个部分的可能性，从而为公共政策提供了一种分类。这种研究路径的魅力长期以来一直吸引着公共政策方面的作者，在过去 30 年中受到特别关注，并在基本工具概念的基础上发展出许多变体。我们从两个方面考量了这里的各种方法：首先，我们考虑它们在多大程度上深入政府内部，将机构视为工具，或者将政府视为暗箱，考虑政府可以用来对整个社会采取行动的各种资源。第二个维度是，它们在多大程度上提供了简约的工具选择或工具类型，是否具有简约的吸引力，或者它们是否提供了类型和子类型的

"厚重"列表选项，具有综合性的优势。

沿着第一个维度，林德和彼得斯（1989）和萨拉蒙（2002）分别考量了政策工具的不同政治选择和政府作为工具的替代性行政的可能性；而在另一端，埃尔莫尔（1987）、胡德（1983）与胡德和玛格茨（2007）则确定了可由任何组织形式实施的通用工具。许多混合方法既采用了通用工具，又采用了制度形式（John 2011），或者产生了"分类学的分类学"，努力抓住光谱范围中任何一端的优势（Howlett 2005）。简约方法体现在埃尔莫尔的方法中，胡德的政府工具也在一定程度上抓住了这种方法，而通过提供更为广泛和细分的分类学，混合方法努力在全面性方面弥补它们在简约方法上的缺失。

所有基于工具的研究路径，以及其他提供分类的研究路径，都面临着它们可能被用来做什么的挑战。这里所涉及的研究路径无疑都得到了很好的应用。由胡德（1983）设想并由胡德和玛格茨（2007）发展的通用研究路径方法共被引用1228次，而豪利特关于工具的著作，如果将所有标题中带有工具（instrument）一词的文章和图书加在一起，可能会达到同样的总数（Howlett 1991，2000，2004，2005，2009a，2009b）。萨拉蒙（2002）的被引用次数超过1300次，而彼得斯和林德关于工具的著作可能达到800次左右［现在比较约翰（2011）最新的方法还为时过早］。因此，公共政策学者肯定在使用这些工具，但它们在多大程度上可用于政策评估任务，或者至少在一段时间内用于跨国家、跨政府层级或在部门或机构层面进行比较，则不太清楚。归根结底，要想真正明确地进行这些比较或评估，就必须有一种明确的方法，将箱中的工具分门别类地摆放出来（如螺丝刀、锤子、钳子等，尽管有一些重叠，功能和机制之间还是有一些粗略的区别）。有人认为，通过将政府视为

152

"暗箱"，并关注其如何与社会互动，通用工具方法可以提供这种简单而优雅的方式来思考公共政策。然而，它通过彻底简化公共政策的核心概念来做到这一点，忽略了政府的内部组织，进而忽略了整个公共行政领域。但是，它确实有助于了解哪些做法在哪里行得通，有助于在不同国家和不同时期进行比较，特别是有助于了解在数字时代迅速变化的技术和社会背景下，政策制定是如何变化的。

参考文献

Ackerknecht, E.H. 1948. Anticontagionism between 1821 and 1867. *Bulletin of the History of Medicine* 22(5): 562–593.

Baldwin, P. 1999. *Contagion and the state in Europe 1830–1930*. Cambridge: Cambridge University Press.

Bertelmans-Videc, M., R. Rist, and E. Vedung. 1998. *Carrots, sticks and sermons: Policy instruments and their evaluation*. New Brunswick: Transaction.

Dahl, R. and C. Lindblom. 1953. *Politics, Economics and Welfare*. New York: Harper & Row.

Dudley, T., J. Listgarten, O. Stegle, S.E. Brenner, and L. Parts. 2014, December. Personalized medicine: From genotypes, molecular phenotypes and the quantified self, towards improved medicine. In *Pacific symposium on biocomputing*, vol. 20, 342–346.

Dunleavy, P., and H. Margetts. 2015. *Designing essentially digital governance*. Paper to the American Political Science Association Annual Meeting, San Francisco, 2–5 September 2015.

Dunleavy, P., H. Margetts, S. Bastow, and J. Tinkler. 2006. *Digital era governance: IT corporations, the state, and e-government*. Oxford: Oxford University Press.

Dobuzinskis, L., Howlett, M. and D. Laycock 2007. *Policy Analysis in Canada. The State of the Art*. Toronto: University of Toronto Press.

Eliadis, Pearl, Margaret M. Hill, and Michael Howlett. 2005. *Designing government. From instruments to governance*. Montreal: McGill-Queen's Press-MQUP.

Elmore, R.F. 1987. Instruments and strategy in public policy. *Review of Policy Research* 7(1): 174–186.

Etzioni, A. 1961. A comparative analysis of complex organizations: On power. *Involvement and their Correlates*.

Foster, C.D. 1992. Privatization, Public Ownership and the Regulation of Natural Monopoly. Oxford: Blackwell.

Holmes, O.W. 1920. *The Path of the Law, in Collected Papers*, Collected Papers, pp. 167-202. London: Constable.

Hood, C. 1983. *The tools of government*. London: Macmillan.

Hood, C., and H. Margetts. 2007. *The tools of government in the digital age*.

153

London: Palgrave Macmillan.

Howlett, M. 1991. Policy instruments, policy styles, and policy implementation. *Policy Studies Journal* 19(2): 1–21.

Howlett, M. 2000. Managing the "hollow state": Procedural policy instruments and modern governance. *Canadian Public Administration* 43(4): 412–431.

Howlett, M. 2004. Beyond good and evil in policy implementation: Instrument mixes, implementation styles, and second generation theories of policy instrument choice. *Policy and Society* 23(2): 1–17.

Howlett, M. 2005. What is a policy instrument? Policy tools, policy mixes and policy implementation styles. In *Designing government: From instruments to governance*, eds. F. Eliadis, M. Hill, and M. Howlett. Montreal: McGill Queens University Press.

Howlett, M. 2007. *Policy Analysis in Canada.*

Howlett, Michael. 2009a. Governance modes, policy regimes and operational plans: A multi-level nested model of policy instrument choice and policy design. *Policy Sciences* 42(1): 73–89.

Howlett, M. 2009b. Government communication as a policy tool: A framework for analysis. Canadian Political Science Review 3(2) June.

Howlett, M. 2011. *Designing public policies: Principles and instruments.* Abingdon: Routledge.

Hyman, H., and P. Sheatsley. 1947. Some reasons why information campaigns fail.

John, P. 2011. *Making policy work.* Taylor & Francis.

John, P. 2013. All tools are informational now: How information and persuasion define the tools of government. *Policy & Politics* 41(4): 605–620.

King, G., J. Pan, and M.E. Roberts. 2013. How censorship in China allows government criticism but silences collective expression. *American Political Science Review* 107(02): 326–343.

Lascoumes, P., and P. Le Gales. 2007. Introduction: Understanding public policy through its instruments—From the nature of instruments to the sociology of public policy instrumentation. *Governance* 20(1): 1–21.

Lehdonvirta, Vili, and Edward Castronova. 2014. *Virtual economies: Design and analysis.* Cambridge: MIT Press.

Linder, S.H., and B.G. Peters. 1989. Instruments of government: Perceptions and contexts. *Journal of Public Policy* 9(01): 35–58.

Linder, S.H., and , B.G. Peters. 1992. The Study of Policy Instruments. Policy Currents 2: 1–7.

Linder, S.H., and B.G. Peters. 1998. The study of policy instruments: Four schools of thought. In *Public policy instruments. Evaluating the tools of public administration*, eds. B.G. Peters, and F.K.M. Nispen, 33–45. Cheltenham: Edward Elgar.

Lessig, L. 1999. Code and Other Laws of Cyberspace. New York: Basic Books.

Margetts, H. 1999. *Information Technology in Government: Britain and America.* New York: Routledge.

Margetts, H. 2012. *Information technology in government: Britain and America.* London: Routledge.

Margetts, H., and P. Dunleavy. 2013. The second wave of digital-era governance: A quasi-paradigm for government on the Web. *Philosophical Transactions of the Royal Society of London A: Mathematical, Physical and Engineering Sciences* 371(1987): 20120382.

154

Margetts, H., John, P., Hale, S., and T. Yasseri. 2015. *Political Turbulence: How Social Media Shape Collective Action*. Princeton University Press.

Osborne, D., and T. Gaebler. 1992. *Reinventing government: How the entrepreneurial spirit is transforming the public sector*. Reading: Addison-Wesley.

Salamon, L.M., ed. 2002. *The tools of government: A guide to the new governance*. Oxford: Oxford University Press.

Salamon, L.M., and M.S. Lund, eds. 1989. *Beyond privatization: The tools of government action*. Washington, DC: The Urban Institute.

Schneider, A., and H. Ingram 1990. Behavioural Assumptions of Policy Tools. Journal of Politics 52(2) 510–529.

Smith, A. 1910. *The Wealth of Nations*, vol. 2, London: Dent. First published 1776.

Thaler, R.H. and C.R. Sunstein. 2008. *Nudge: Improving Decisions about Health, Wealth, and Happiness*. Yale University Press.

Wright, Joss. 2014. Regional variation in Chinese internet filtering. *Information, Communication & Society* 17(1): 121–141.

第九章　有限理性与政策制定的
垃圾桶决策模型

尼古拉斯·扎哈里亚迪斯

> 我已经说了几乎所有我认为你所感兴趣的东西。你现　155
> 在应该选择对城市和对你们所有人最有利的东西。
>
> 　　　　　　　　　德摩斯梯尼（Demosthenes），
> 　　　　　《第三篇反腓力演说》（*Third Olynthiac*，36）

　　德摩斯梯尼的演讲包含决策过程的基本要素：审议、利益、框架、政治冲突和集体目标。他预计到 2350 年将有政策科学的出现，并包含许多在政策制定过程中遇到的困难，包括当目标没有被广泛分享时，注意力集中就会转瞬即逝，选择会因为框架效应而产生偏差，集体利益与个人利益相区别。在这些条件下，综观理性效应会受到限制。

　　在本章中，我将分析综观理性的两种可供选择方案之间的关系：有限理性和垃圾桶／多源流政策制定框架。术语"框架"被用来识别"用于分析不同类型的、感兴趣的现象的变量总表"（Ostrom et al. 2014，p. 270）。模型是在特定条件下进行精确假设，并观察一组有限的变量，以详细说明一个框架中所

156 概述的变量之间的关系。因此，这里所说的框架也可以被理解为广义的模型族群。有限理性和垃圾桶理论／多源流这两个框架是相关的，但也是不同的。它们具有一些基本的共性，但它们的演化轨迹和适用范围各不相同。它们相互补充，并在某些条件下可以结合各自的洞见，以提供对政策过程更全面的解释（Cairney 2013）。有限理性首先是由赫伯特·西蒙在他的经典著作《行政行为》（*Administrative Behavior*）（1976）中阐述的一个论点，而不是一个模型。组织选择的垃圾桶模型最先由科恩（1972）等人提出；金登（1995）将其作为政策制定的框架。我的目的是简要讨论它们的结构和功能，强调共性和差异，评估优势和劣势，并突出这些相关框架对公共政策研究的贡献。

观点简述

对理性优化行为的限制会使公共政策的目标相当复杂化。拉斯韦尔（Lasswell）（1951，p.8）在他的"政策导向"中阐述了公共政策的主要目标：为了一个目的而产生知识，就是去解决"人类在社会中的根本问题"。有限理性和垃圾桶理论丰富了这一目标并增加了新的变化。

有限理性强调认知、计算和组织限制，在如下几个方面：

（a）理性解决问题，以及

（b）冲突在政治上的准解决。

多源流／垃圾桶模型提供了额外的目标：

（a）意义和身份创造，以及

（b）通过参与者和激活问题而合法化。

对于有限理性和多源流框架如何影响政策取向？这个问题，这些理论作出了三点贡献。第一，过程影响内容。过程如何展开会影响政策系统产出的输出。如果有用的知识（情报）是基本任务，那么情报的搜集过程显然会使搜集的情报带有偏见。第二，对人类理性的实际限制取决于个人能力和组织环境。"人的问题"的最佳解决方案可能被证明只是乌托邦式的期望。157第三，政策过程中更大的模糊性和争论可能导致更多政治化、脱节和非理性的决策。

值得注意的是，两个政策制定框架都不拒绝合理的政策制定模式，但他们寻求：

· 开发更贴近实际政策制定过程的经验观察模型；

· 在理性框架或其他框架无法解释或简单假设的情况下解释决策；

· 建立在许多相似之处之上，同时包含差异。

最初制定时，框架描述了组织内的决策过程。此后，这些结构已经适应了政策制定。虽然本章讨论有限理性和垃圾桶模型，但讨论重点在垃圾桶模型上，以捕捉它与传统决策模型方法的差异。

有限理性与选择的偏差

两本基础著作阐述了有限理性的概念，即西蒙（1976）的《行政行为》和马奇与西蒙（1958）所著的《组织》（*Organizations*）。

两本书的基本前提是人类理性是目标意图的，是局限的或有限的。西蒙遵循方法论的个人主义传统，并阐述了三个深刻的观察：

· 个人有计算和认知的限制。因此，政策关注和信息搜索的过程既不是无成本的，也不是完整的。

· 个人使用满意的选择规则（例如，与期望水平相符的、足够好的解决方案）。

· 环境信号，角色和观念会影响决策过程。

马奇和西蒙增加了一个组织维度：并行处理能力和串行处理能力。通过强调环境的影响，他们假定组织内的有限理性：

· 组织是管理冲突的社会机构；

· 制定行动计划是为了（有时）应对由半自治单位提供有争议的目标；

· 组织通过将问题分解成较小的部分来解决，然后将其分发到不同的单元；

· 冲突程度和等级程度决定决策风格（分析与讨价还价做对比）。

这一论点的逻辑已经适应了政策制定，但它也被其他政策框架所包含在内。有限理性目前并不像西蒙最初构想的那样，作为一个独特的模型而存在，而是作为其他框架中的基本逻辑或一系列假设而存在。例如，艾利森（1971）的组织和（在某种程度上）官僚模型（他分别将之称为模型 II 和模型 III）就是从马奇和西蒙的工作中获得了灵感。模型 II 讨论了组织的标准操作程序的影响，模型 III 讨论了官僚机构在感知威胁和形

158

成偏好方面所起的作用。林德布洛姆（1959，1963）的间断渐进主义受到党派相互调整过程中的有限理性的激励，尽管它更具政治性。当下大多数理性选择尤其是理性制度主义理论家都赞同有限理性的概念：例如，威廉姆森（Williamson）（1985）与爱泼斯坦（Epstein）和奥哈洛兰（O'Halloran）（1999）的交易成本理论，沙尔夫（Scharpf）（1997）以行动者为中心的制度主义，以及奥斯特罗姆等（2014）的制度分析和发展框架。

总而言之，有限理性对个人和环境作出了假设（Simon 1957），并且主要将政策制定视为个人决策和制度整合的问题。当组织信号和剩余（相对于需求而言，资源供应过剩）倾向于某些解决方案而不是其他解决方案时，计算和认知的限制实质上会导致在搜索和选择的过程中就带有偏见。

模糊性、垃圾桶和多流源

该框架源自赛尔特（Cyert）和马奇（1963）的《企业行为理论》（*A Behavioral Theory of the Firm*）和科恩等人（1972）的垃圾桶模型。组织变体遵循垃圾桶模型，而政策变体则充实了金登（1995）的多源流方法。其核心是模糊性：它"指的是现实、因果关系或意向性并不清晰或缺乏一致性"。（March 1994，p.178）它显然意味着多种且往往是不可调和的思维方式，这会造成混乱、矛盾和对立。与西蒙的研究相比，模糊性甚至使理性变得更为复杂，但它也更接近于许多公共部门或教学机构的条件。以赛尔特和马奇的观点为出发点，它声称并非所有的组织决策都是通过有限理性的过程来完成的；相反，在某些条件下，决策过程需要一个完全不同的解释。多源流／垃圾桶模型可以采用系统（非个人）级别的框架。

该方法在组织上的变体主要包括以下几个方面：

·组织中有四个变量流：问题、解决方案、参与者和选择机会。

·决策主要是通过激活或克服时间约束和偏见来分配注意力。垃圾桶模型中的大多数决策都不是通过问题解决而是通过"飞走"（当问题离开选择领域）或监督（通过激活问题之前的行动）来实现的（Cohen et al. 1972）。该过程通常对能量负荷（作出决策所需的资源）和问题负荷（问题数量的增加）感到敏感。通过这种方式，问题或解决方案的内容和决策过程与时间同样重要，或甚至和决策的过程和时间一样不重要（March 1994，p.218）。

·组织中松散地耦合在一起的部分形成了单独的工具，并包含了不同的行动指令库。这种松散形式下的指令库使组织能够在压力下作出决策，而无需对备选方案进行漫长的搜索和评估（Cyert and March 1963）。

·组织被视为参与问题搜索并试图避免不确定性的政治联盟（Cyert and March 1963）。信息既是能力的信号，又是重申社会价值的象征（Feldman and March 1981，p.177）。通过这种方式，信息搜集不仅在经济意义上代价高昂，而且在政治意义上也具有强大的象征意义。

·组织学习发生在具有短暂的注意力，且伴随着行动与后果之间松散联系的环境中（March and Olsen 1976b）。

·通过多变的问题和激活参与者，可以组织、实施和使决策过程合法化（这是科恩、马奇和奥尔森所称的进入和决策结构）。

　　金登（1995）将这些想法进一步推进，他认为，在问题或政治流的开放政策窗口期间，议程设置和备选说明是三个因素——相对独立的问题、政策和政治流——耦合或相互作用的结果。扎哈里亚迪斯（2003，2008b）后来将论证扩展到整个政策制定过程。每个"源流"都有自己的动力和约束。问题的流动受到指标突然变化、焦点事件、反馈和问题负荷（数量和困难）的影响。根据价值的可接受度、技术可行性以及政策子系统网络中融合程度，解决方案会浮现到政策流的顶端。在政治流中，决策者的接受程度通过政党的意识形态（Zahariadis 2003）、国民情绪和政治更替而起作用。图9-1展示了多源流方法的主要元素。最初的垃圾桶模拟以奇特方式与人类机构分离，并将决策规则视为能量消耗和组织可用的总效能量的函数（Bendor et al. 2001）。相比之下，金登强调政策企业家的作用，他们使用各种策略将三个流程结合在决策过程中。

160

161

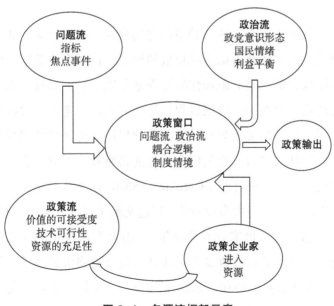

图9-1　多源流框架示意

该方法在某种程度上，在部分时间内解释了所有决策。指定了范围条件（假设）以更明确地限制解释力：问题的偏好、模糊的技术和流动性参与。它们是衡量模糊性的属性，并应用于组织之中，例如教育机构（March and Olsen 1976a）、国家政府（Kingdon 1995）、国际组织（Zahariadis 2008a；Olsen 2001）、官僚机构和治理（Peters 2002；Olsen 2008），或情境（Rommetveit 1974）。该方法规定了一阶和二阶条件：

· 一阶范围条件适用于制度环境，即特定组织（所谓的有组织的混乱）和组织间环境（Clarke 1989）倾向于接近这些条件；

· 二阶范围条件适用于情境环境，即议题本身近似于垃圾桶，例如，政策改革或行政重组（Natali 2004；Olsen 1976，1988）。

在某种程度上，这两种情况之间存在重叠，因为并非所有国家政府制定的政策都呈现垃圾桶模式，但很多决策很可能不容易用理性甚至是有限理性的过程来予以解释。相反，在更理性的环境中存在一些决策过程，如地方政府、企业公司或非政府组织，往往都会成为垃圾桶，尽管那里有更清楚的偏好和大量的一致性。最后，松散耦合系统的紧密耦合部分，也可能会产生或导致垃圾桶过程（Crecine 1986）。图 9-2 显示了关于范围条件的论证。绝大多数经验／理论文献（与计算机模拟相反）探索了前者（即国家政府的决策），但没有系统地关注如何谨慎地放松基本假设或改变范围条件以建立更强大的理论（但是可以参见 Padgett 1980；Weiner 1976）。此外，企业公司或社会组织可能受到的关注相对较少。

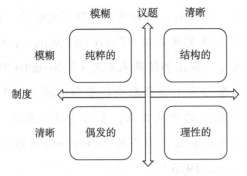

图 9-2　议题和制度的垃圾桶类型

为了全面调查政策过程中的流动和联系，还需要额外说明一些情况。其基本逻辑可以通过以下两个方面来进行时序梳理——

（a）强调政策窗口。它们提供了政策发生的背景。这些是有助于定义时间的开始和结束、政策节奏以及一些组织边界感的分析结构。时间范围和政策节奏影响公共政策中的冲突强度和责任（Zahariadis 2015a）。

（b）顺序选择过程。与**先验**规范和偏好排序不同，支持垃圾桶模型的理论家强调可以通过行动来展示偏好。

时序梳理的含义包括——

（a）备选方案的顺序会导致选择偏差。

（b）在确定议程和选择备选方案中注意力聚焦至关重要。

搜索战略主要以启发法和时间压力为指导。

时序梳理的影响包括——

（a）决策规则主要由政治过程讨价还价、说服、通过制度化的等级制度强制（Cyert and March 1963）或操纵框架、符号、战术和情感来定义（Zahariadis 2014）。

（b）激活参与者会影响搜索和选择。由于专业知识、职位和对时间的替代需求，参与者进入和退出选择领域的事实会导致出现注意力转移和时序偏差的结果（March and Romelaer 1976）。

（c）政策制定者使用一系列特定策略来耦合各个源流。政策制定者和政策企业家往往是不同的角色（Kingdon 1995）。

框架的好处

多源流框架有许多好处。它为特定条件下一类政策议题提供了很好的解释（在用相对较少信息解释较多意义上而言）。

· 它分离并经常颠倒理性问题的解决顺序，来解释这种可能性，并指定政策寻求理论依据的条件。正如威尔达夫斯基（Wildavsky）（1987，p.3）所解释的那样，"解决方案是定义问题的一部分……在政策分析中，最具创造性的计算涉及找到可以尝试解决方案的问题。"

· 它综合了机构和结构，但避免了集体行动中的聚合偏差。假设是关于组织或集体的选择和过程，而不是个人决策。这样的话，该方法赞同西蒙（1981，p.221）提出的命题，即在几乎可分解的系统中，不需要详细的解释或用低层次单位的理论来解释更高层次的现象（Bromiley 1986，pp.121-122）。

· 它在方法上适用于多种分析技术。尽管大多数学者倾向于将定性案例研究用于经验验证，但也有文献通过计算机模拟（Cohen et al. 1972；March and Weissinger-Baylon 1986；Lomi and Harrison 2012；Zahariadis 2003）和统计分析（Travis and Zahariadis 2002[①]）得出结论。

·模糊性是政策制定的推动者。它解释了政策变化（通过成功的耦合）和政策惯性（通过不成功的耦合）。　164

·该框架可以很好地运用到地方层面（例如，Henstra 2010；Liu et al, 2010），国家层面——如美国、德国、法国、英国、挪威、希腊、瑞典、布基纳法索（例如，Zahariadis 2003；Pierre and Peters 2005；Ridde 2009；Guldbrandsson and Fossum 2009；March and Olsen 1976a），以及超国家层面（例如，Ackrill and Kay 2011；Richardson 2006；Lipson 2007；Gordenker et al. 1995）。

·该框架也跨越了众多的政策部门，例如国防政策（例如，March and Weissinger-Baylon 1986）、外交政策（例如，Travis and Zahariadis 2002；Durant and Diehl 1989；Zahariadis 2005，2015b；Mazzar 2007）、全球政策（例如，McCann 2012）、交通政策（例如，Chen 2011；Khayesi and Amekudzi 2011）、环境政策（例如，Brunner 2008）、教育政策（例如，McLendon 2003；Protopsaltis 2008；Corbett 2005）、健康政策（例如，Blankenau 2001；Guldbrandsson and Fossum 2009；Oborn et al.2011）、贸易和福利政策（例如，Ackrill and Kay 2011；Natali 2004）、安全和危机管理（例如，Birkland 1997，2004）。

·它密切关注意义创造、仪式、神话、解释和象征

---

① 原书为 2003，疑为 2002。——译者注

（March 1994）。选择不仅在尝试解决实际的或能感知到的问题意义上具有工具性维度，而且在意义创造或身份创造意义上也具有象征性维度。马奇（1991，p.110）大胆地指出了这一点："很难想象一个具有现代意识形态的社会不会表现出精心设计和强化的选择神话，既要维持社会秩序和意义，又要促进变革。"政策企业家使用符号和其他耦合策略为自己喜欢的项目创造意义和进行有偏好的选择（Zahariadis 2003）。通过这种方式，意义的形成成为政策制定者能力和取得合法性结果的象征性努力。然后，这些政府信号被传递给精英和大众，以创造、加强、支持、反对或改变涉及政治效力和有效性的共同意义和信念（Edelman 1971）。

议题与前景

尽管如此，仍有尚未解决的问题需要进一步研究。 在本节中，我将讨论其中的一些问题并概述一个简短的研究议程。

165 ·各个源流是真的独立吗？罗宾逊（Robinson）和埃勒（Eller）（2010）、穆扎罗尼（Mucciaroni）（1992）和本多（Bendor）等（2001）认为，在实践中争论问题倾向于追踪解决方案。但他们的考证是不准确的。源流独立性是一种不受经验验证影响的分析假设。解决方案或问题有可能使自己融入一个更大的选择范围。"这种假设的自由效应是在理论中为经常观察到的现象提供一个位置，例如'时机的偶发性'。它还包括一个明显错误的过程，在这个过程中选择一个似乎不能解决原始问题的解决方案。"（Cohen 1986，p.63）人们可能会认为源流好似独立存在一样。

·如何指定因变量？正如一些作者所说的那样（例如，

Hayes 2006），这种研究路径更好地解释了主要的政策变化，还是能够以相同的精确度解释微小的渐进步骤？如果是后者，那么政策窗口在带来微小变化或无变化方面扮演什么角色？

·虽然有关政策企业家的讨论很多，但这种方法缺乏一种综合的企业家精神理论，更具体地说是缺乏成功和不成功耦合策略的汇编。明特罗姆（Mintrom）和诺曼（Norman）（2009）以及布劳威尔（Brouwer）和比尔曼（Biermann）（2011）提供了一些可能的途径，但他们的建议尚未融入该方法。如果涉及一种策略而不是另一种策略，方法是否会改变？如果是这样，它会以什么方式改变？

·可以以**鬼使神差**的方式对政策窗口进行建模，提升并超越其影响力？多源流认为在窗口开放期间发生了政策改变。但是，对开放窗口的识别通常只不过是**事后归因**的理性化。金登（1995，p.166）将窗口定义为"对既定举措采取行动的机会"，认为它们存在于参与者心中，这与在客观现实中的存在一样，这就是行政管理的变化（Kingdon 1995, p. 177）。由于它们的存在是有争议的——一些分析人员可能认为窗口是开放的，而其他人则认为窗口没有打开——是否可以在没有窗口的情况下改变政策，如果是这样，我们怎么知道呢？例如，豪利特（1998）在媒体提及的信息、议会辩论和委员会中找到了可预测或常规窗口的证据，但他没有发现随机或不可预测的窗口的证据。如果这些窗口中的某些窗口与认知有关，那么这些证据是否只是简单表达了（或不表达）认知的内容，而不是可以反映窗口客观特征的信号？这显然需要更多的详细说明来使这个概念更容易被分析和测量。

166

· 当窗口是内在形成时，即由政策企业家开放窗口时会发生什么？克雷辛（Crecine 1986，p.116）提供了有趣的可能性，即官僚创造机会，例如武器系统被夸大的缺陷，以创造对特定技术的需求或建立特别工作组或委员会，从而将特定问题与特定解决方案联系起来。许多国家的政府领导人都有宪法授权，可以随意解散议会，即开放（或关闭）政策窗口。有些人以高超的技巧和权宜之计使用了这一授权，例如，1983 年的玛格丽特·撒切尔（Margaret Thatcher），而有些人则没有使用，例如 1997 年的雅克·希拉克（Jacques Chirac）。在这些情况下，耦合策略是否会发生变化？ 此外，当多个窗口同时打开时，该过程如何变化？ 是否存在窗口等级化结构，如果是，那么耦合的含义是什么？

· 制度的作用是什么？ 一些分析人士认为，这些过程本质上是随机的，没有太多结构，也没有被置于熟悉的制度范围内（Mucciaroni 1992；Schlager 2007）。金登（1995，pp.229-230）认为存在非正式的制度约束。更重要的是，他声称流动性不应与随机性相混淆："［模型］的结构可以类比为河流流动的结构，但其河岸通常限制其流动，该过程也不能随处流动"（Kingdon 1995，p.223）。这种批评是非常不寻常的，因为最初的垃圾桶可以明确地指定一些结构，比如特定的层次、专门的准入和决策形式（Cohen et al. 1972）。制度结构的原始见解能否更清晰地融入多源流中？

· 反馈在有偏向的注意力或搜索方面起什么作用？ 虽然金登（1995）认为反馈是问题定义的一部分，但这一过程肯定也会影响政策和政治流程。过去失败的反馈有助于激发人们寻找可能克服以前缺点的新解决方案。此外，反馈滞后显然会影响政策制定者和广大公众对新思想的接受程度。最初的垃圾桶模型可以通过反馈渠道设想组织学习过程。多源流尚未将此想法整合到政策过程中。

·情绪和认知在促成耦合方面起什么作用？扎哈里亚 167 迪斯（2003，2005，2015b）从前景理论和情感启动理论中指定了一些假设。由于人们讨厌失去比他们所得更多的东西，因此前景理论预测他们会作出更有风险的决定以弥补损失。就多源流框架而言，其含义是，如果企业家所支持的解决方案与现状存在较大偏差，那么当问题被视为损失时，成功的耦合的可能性就更大。情感启动理论建议，人们主要处理与他们情绪一致的信息。在积极的民族情绪下，政策企业家更有可能在政策论辩中让步。扎哈里亚迪斯在对希腊和美国的外交政策案例研究中对这些假设进行了实证检验，但还需要做更多的工作来复制验证。

·多源流不仅涉及议程设置或政策制定，它还要求在模糊性下对政策执行进行研究（Ridde 2009；Baier et al.1986；Matland 1995）。扎哈里亚迪斯（2008b）开发了一个将执行与欧洲化联系起来的研究计划。但是，这种理论和更重要的实证工作几乎还没有开始。

·虽然多源流描绘了一个不寻常的，几乎反复无常的政策制定图景，但它几乎没有提到政治权力的问题。一些分析师（Peters 2002；Zahariadis 2008a）认为，政治权力实际上在支持一些政策企业家和政策制定者而不是其他政策制定者方面起着重要作用。彼得斯（2002，p.14）大胆地声称："最基本的悖论是，被假定为……开放、包容和不确定的治理体系，相比更具结构性的体系，它可能更多地取决于权力。"民主合法化和参与是否在这样的体系中发挥作用？ 科恩等人（1972）讨论了他们所谓的开放式决策结构的一些含义（所有参与者都可以在垃圾桶内所有选择机会中反复思考）。是否可以通过问责制或代表性循环使这些含义适应政策制定过程？ 如果是这样，它们是否会加强或抑制民主进程？

168 　　解决民主问题的一种可能方法是区分符号和内容。垃圾桶中的决策，特别是那些涉及行政重组的决策，既包含工具要素，又包含象征价值。民主的合法性是通过修辞表达获得的，例如提高效率或效力，尽管很少有人尝试通过实证评估重组的影响。正如马奇和奥尔森（1983，p.290）大胆断言的那样，经常发生的重大变化，象征着"有效领导的可能性；自我宣告是不可接受的"。换句话说，无论政治或经济权力的实际内容是什么，或它们权力的（重新）分配如何，垃圾桶中的决定都确定了合法的价值观和制度。它通过颂扬集体行动的目标和有效性来实现民主。

结 论

　　政策制定通常是一个复杂的过程，涉及数百个行动者或机构，每个行动者或机构都有自己的能力、价值观、资源和对过程的理解。为了使其易于理解，学者和政策制定者在分析上简化了过程，使得政策过程更好处理，并从中理解结果。这种简化是有代价的，因为它们反映了对此进行简化的人员的资源限制和偏见。西蒙（1976）开始对有限理性进行广泛研究，其目的是解释为什么决策并不总是遵循理性的传统智慧。理性具有规范的特权地位，因为"我们想要理性"（Elster 1989，p.28）。遵循政策层面的理性模型可确保程序公正并优化结果的有效性。考虑所有选项，从而确保听取不同意见，并在产生最大利益的基础上选择政策。这个模型很诱人，但西蒙认为这也是不现实的。他的主要贡献是，通过使他们更接近分析师和参与者实际观察到的内容来补充（而不是取代）组织中的理性决策（他最初考虑到公共部门组织）。这样做可以提高政策制定模型的经验有效性，但也会通过增加解释或预测现象所需的信息量来大大加剧它们的复杂性。

　　提出组织有限理性和垃圾桶决策的人不是西蒙，而是马奇。受西蒙的强烈影响，马奇将基本假设和组织选择理论进行了修改，将其转移到目前仍被认为是病态偏离的领域。组织（和政策）目标通常是不透明和有争议的，但仍然可以利用临时参与者无法很好理解政策的过程来制定政策。马奇对提出目标之前的情况、理性的首要地位，以及相容的必要性进行了质疑，并提出了发展愚民组织技术的目标（March 1976）。他认为，在模棱两可的情况下，选择过程不仅仅是提供行动的基础。"它提供了一个定义美德和真理的机会，用于发现或解释正在发生的事情，为发生的事情分配荣耀和责任，这是一个社会化的机会"（March 1994，p. 218）。这些想法已经找到自己的方式，并且进入到政策科学的更广泛的努力之中（确保一砖一瓦的构建自己的领域），丰富了模型，提升了政策过程研究的目标。

169

　　为了回到拉斯韦尔的政策取向，有限理性和垃圾桶对综观理性提出了质疑，但不排斥理性行为。它们只是简单指定了在特定条件下的备选模型，这些模型更接近分析师在政策过程中观察到的内容。它们仍然从根本上嵌入在更广泛的信息处理和解释视图中，表明了局限性并解释了偏差和一些非正常的问题。

其中，这些模型指出**一种**（不是**这种**）解决"社会中人类的基本问题"的方式，但要注意，这条研究路径涉及许多弯路，此外在通往多个目的地时会有一些死胡同，其中一些目的地我们可能永远无法到达。

参考文献

Ackrill, Robert, and Adrian Kay. 2011. Multiple streams in EU policy-making: The case of the 2005 sugar reform. *Journal of European Public Policy* 18(1): 72–89.

Allison, Graham K. 1971. *Essence of decision*. Boston: Little, Brown & Company.

Baier, Vicki Eaton, James G. March, and Harald Saetren. 1986. Implementation and ambiguity. *Scandinavian Journal of Management Studies* 2(3–4): 197–212.

Bendor, Jonathan, Terry M. Moe, and Kenneth W. Shotts. 2001. Recycling the garbage can: An assessment of the research program. *American Political Science Review* 95(1): 169–190.

Birkland, Thomas A. 1997. *After disaster: Agenda setting, public policy and focusing events*. Washington, DC: Georgetown University Press.

Birkland, Thomas A. 2004. The world changed today: Agenda-setting and policy change in the wake of the September 11 terrorist attacks. *Review of Policy Research* 21: 179–200.

Blankenau, Joe. 2001. The fate of national health insurance in Canada and the United States: A multiple streams explanation. *Policy Studies Journal* 29(1): 38–55.

170 Bromiley, Philip. 1986. Planning systems in large organizations: A garbage can approach with application to defense PPBS. In *Ambiguity and command*, eds. James G. March, and Roger Weissinger-Baylon, 120–139. Marshfield: Pitman.

Brouwer, Stijn, and Frank Biermann. 2011. Towards adaptive management: Examining the strategies of policy entrepreneurs in Dutch water management. Ecology and Society 16(4): 5. http://dx.doi.org/10.5751/ES-04315-160405.

Brunner, Steffen. 2008. Understanding policy change: Multiple streams and emissions trading in Germany. *Global Environmental Change* 18: 501–507.

Cairney, Paul. 2013. Standing on the shoulders of giants: How do we combine the insights of multiple theories in public policy studies? *Policy Studies Journal* 41(1): 1–21.

Chen, Zhenhua. 2011. Is the policy window open for high-speed rail in the United States? A perspective from the multiple streams model of policymaking. *Transportation Law Journal* 38(2): 115–144.

Clarke, Lee. 1989. *Acceptable risk? Making decisions in a toxic environment*. Berkeley/Los Angeles: University of California Press.

Cohen, Michael D. 1986. Artificial intelligence and the dynamic performance of organizational designs. In *Ambiguity and command*, eds. James G. March, and

Roger Weissinger-Baylon, 53–71. Marshfield: Pitman.

Cohen, Michael D., James G. March, and Johan P. Olsen. 1972. A garbage can model of organizational choice. *Administrative Science Quarterly* 17: 1–25.

Corbett, Anne. 2005. *Universities and the Europe of knowledge: Ideas, institutions and policy entrepreneurship in European Union higher education policy, 1955–2005.* New York: Palgrave Macmillan.

Crecine, John P. 1986. Defense resource allocation: Garbage can analysis of C3 procurement. In *Ambiguity and command*, eds. James G. March, and Roger Weissinger-Baylon, 72–119. Marshfield: Pitman.

Cyert, Richard M., and James G. March. 1963. *A behavioral theory of the firm.* Englewood Cliffs: Prentice Hall.

Durant, Robert F., and Paul F. Diehl. 1989. Agendas, alternatives, and public policy: Lessons from the US policy arena. *Journal of Public Policy* 9(2): 179–205.

Edelman, Murray. 1971. *Politics as symbolic action.* Chicago: Markham.

Elster, Jon. 1989. *Solomonic judgements.* Cambridge: Cambridge University Press.

Epstein, David, and Sharyn O'Halloran. 1999. *Delegating powers: A transaction cost politics approach to policy making under separate powers.* New York: Cambridge University Press.

Feldman, Martha, and James G. March. 1981. Information in organizations as signal and symbol. *Administrative Science Quarterly* 26(2): 171–186.

Gordenker, Leon, Roger A. Coate, Christer Johnsson, and Peter Soderholm. 1995. *International cooperation in response to AIDS.* London: Pinter.

Guldbrandsson, Karin, and Björörn Fossum. 2009. An exploration of the theoretical concepts policy windows and policy entrepreneurs at the Swedish public health arena. *Health Promotion International* 24(4): 434–444.

Hayes, Michael T. 2006. *Incrementalism and public policy.* Lanham: University Press of America.

Henstra, Daniel. 2010. Explaining local policy choices: A multiple streams analysis of municipal emergency management. *Canadian Public Administration* 53(2): 241–258.

Howlett, Michael. 1998. Predictable and unpredictable policy windows: Institutional and exogenous correlates of Canadian federal agenda-setting. *Canadian Journal of Political Science* 31(3): 495–524.

Khayesi, Meleckidzedeck, and Adjo A. Amekudzi. 2011. Kingdon's multiple streams model and automobile dependence reversal path: The case of Curitiba, Brazil. *Journal of Transport Geography* 19(6): 1547–1552.

Kingdon, John. 1995. *Agendas, alternatives, and public policies*, 2nd edn. New York: Harper Collins.

Lasswell, Harold D. 1951. The policy orientation. In *The policy sciences*, eds. Daniel Lerner, and Harold Lasswell, 3–15. Stanford: Stanford University Press.

Lindblom, Charles E. 1959. The science of muddling through. *Public Administration Review* 19: 79–88.

Lindblom, Charles E. 1963. *The intelligence of democracy: Decision making through mutual adjustment.* New York: Free Press.

Lipson, Michael. 2007. A garbage can model of UN peacekeeping. *Global Governance* 1: 79–97.

171

Liu, Xinsheng, Eric Lindquist, Arnold Vedlitz, and Kenneth Vincent. 2010. Understanding local policy making: Policy elites' perceptions of local agenda setting and alternative policy selection. *Policy Studies Journal* 38(1): 69–91.

Lomi, Alessandro, and J. Richard Harrison, eds. 2012. *The garbage can model of organizational choice: Looking forward at forty.* Emerald Group: Bingley.

March, James G. 1976. The technology of foolishness. In *Ambiguity and choice in organizations,* eds. James G. March, and Johan P. Olsen, 69–81. Oslo: Universitetsforlaget.

March, James G. 1991. How decisions happen in organizations. *Human-Computer Interaction* 6: 95–117.

March, James G. 1994. *A primer on decision making.* New York: Free Press.

March, James G., and Johan P. Olsen. 1976a. *Ambiguity and choice in organizations.* Oslo: Universitetsforlaget.

March, James G., and Johan P. Olsen. 1976b. Organizational learning and the ambiguity of the past. In *Ambiguity and choice in organizations,* eds. James G. March, and Johan P. Olsen, 54–68. Oslo: Universitetsforlaget.

March, James G., and Johan P. Olsen. 1983. Organizing political life: What administrative reorganization tells us about government. *American Political Science Review* 77(2): 281–296.

March, James G., and Pierre J. Romelaer. 1976. Position and presence in the drift of decisions. In *Ambiguity and choice in organizations,* eds. James G. March, and Johan P. Olsen, 251–276. Oslo: Universitetsforlaget.

March, James G., and Herbert A. Simon. 1958. *Organizations.* New York: Wiley.

March, James G., and Roger Weissinger-Baylon, eds. 1986. *Ambiguity and command.* Marshfield: Pitman.

Matland, Richard E. 1995. Synthesizing the implementation literature: The ambiguity-conflict model of policy implementation. *Journal of Public Administration Research and Theory* 5(2): 145–174.

Mazzar, Michael J. 2007. The Iraq war and agenda setting. *Foreign Policy Analysis* 3(1): 1–24.

McCann, Lisa Marie. 2012. *Peacebuilding as global policy: Multiple streams and global policy discourse in the creation of the United Nations Peacebuilding Commission.* Doctoral dissertation, University of Colorado at Denver.

McLendon, Michael K. 2003. Setting the governmental agenda for state decentralization of higher education. *The Journal of Higher Education* 74(5): 479–515.

Mintrom, Michael, and Philippa Norman. 2009. Policy entrepreneurship and policy change. *Policy Studies Journal* 37(4): 649–667.

Mucciaroni, Gary. 1992. The garbage can model and the study of policy making: A critique. *Polity* 24: 459–482.

Natali, David. 2004. Europeanization, policy arenas, and creative opportunism: The politics of welfare state reforms in Italy. *Journal of European Public Policy* 11(6): 1077–1095.

Oborn, Eivor, Michael Barrett, and Mark Exworthy. 2011. Policy entrepreneurship in the development of public sector strategy: The case of London health reform. *Public Administration* 89(2): 325–344.

Olsen, Johan P. 1976. Reorganization as a garbage can. In *Ambiguity and choice*

172

in organizations, eds. James G. March, and Johan P. Olsen, 314–337. Oslo: Universitetsforlaget.

Olsen, Johan P. 1988. Administrative reform and theories of organization. In *Organizing governance, governing organizations*, eds. Colin Campbell, and B. Guy Peters, 233–254. Pittsburgh: University of Pittsburgh Press.

Olsen, Johan P. 2001. Garbage cans, new institutionalism, and the study of politics. *American Political Science Review* 95(1): 191–198.

Olsen, Johan P. 2008. The ups and downs of bureaucratic organization. *Annual Review of Political Science* 11: 13–37.

Ostrom, Elinor, Michael Cox, and Edella Schlager. 2014. An assessment of the institutional analysis and development framework and introduction of the social-ecological systems framework. In *Theories of the policy process*, 3rd edn, eds. Paul A. Sabatier, and Christopher M. Weible, 267–306. Boulder: Westview.

Padgett, John F. 1980. Managing garbage can hierarchies. *Administrative Science Quarterly* 25: 583–604.

Peters, B. Guy. 2002. *Governance: A garbage can perspective*. In *Political science series #84*. Vienna: Institute for Advanced Studies.

Pierre, Jon, and B. Guy Peters. 2005. *Governing complex societies*. New York: Palgrave Macmillan.

Protopsaltis, Spyros. 2008. *Theories of the policy process and higher education reform in Colorado: The shaping of the first state postsecondary education voucher system.* Doctoral dissertation, University of Colorado at Denver.

Richardson, Jeremy. 2006. Policy-making in the EU: Interests, ideas and garbage cans of primeval soup. In *European Union: Power and policy-making*, 3rd edn, ed. Jeremy Richardson, 3–30. New York: Routledge.

Ridde, Valéry. 2009. Policy implementation in an African state: An extension of Kingdon's multiple streams approach. *Public Administration* 87(4): 938–954.

Robinson, Scott E., and Warren S. Eller. 2010. Participation in policy streams: Testing the separation of problems and solutions in subnational policy systems. *Policy Studies Journal* 38(2): 199–216.

Rommetveit, Kåre. 1974. Decision-making under a changing normative structure – The case of the location of Norway's third medical school. *Acta Sociologica* 17(3): 256–272.

Scharpf, Fritz W. 1997. *Games real actors play: Actor-centered institutionalism in policy research*. Boulder: Westview.

Schlager, Edella. 2007. A comparison of frameworks, theories, and models of policy processes. In *Theories of the policy process*, 2nd edn, ed. Paul A. Sabatier, 293–319. Boulder: Westview.

Simon, Herbert A. 1957. *Models of man*. New York: Wiley.

Simon, Herbert A. 1976. *Administrative behavior*, 3rd edn. New York: Free Press.

Simon, Herbert A. 1981. *The sciences of the artificial*, 2nd edn. Cambridge, MA: The MIT Press.

Travis, Rick, and Nikolaos Zahariadis. 2002. A multiple streams model of US foreign aid policy. *Policy Studies Journal* 30(4): 495–514.

Weiner, Stephen S. 1976. Participation, deadlines, and choice. In *Ambiguity and choice in organizations*, eds. James G. March, Johan P. Olsen, et al., 225–250. Oslo: Universitetsforlaget.

Wildavsky, Aaron. 1987. *Speaking truth to power*, 2nd edn. New Brunswick: Transaction Publishers.

173

174 Williamson, Oliver E. 1985. *The economic institutions of capitalism*. New York: Free Press.

Zahariadis, Nikolaos. 2003. *Ambiguity and choice in public policy: Political decision-making in modern democracies*. Washington, DC: Georgetown University Press.

Zahariadis, Nikolaos. 2005. *Essence of political manipulation: Emotion, institutions, and Greek foreign policy*. New York: Peter Lang.

Zahariadis, Nikolaos. 2008a. Ambiguity and choice in European public policy. *Journal of European Public Policy* 15(4): 514–530.

Zahariadis, Nikolaos. 2008b. Europeanization as program implementation: Effective and democratic? *Journal of Comparative Policy Analysis* 10(3): 221–238.

Zahariadis, Nikolaos. 2014. Ambiguity and multiple streams. In *Theories of the policy process*, 3rd edn, eds. Paul A. Sabatier, and Christopher M. Weible, 25–58. Boulder: Westview.

Zahariadis, Nikolaos. 2015a. *Plato's receptacle: Deadlines, ambiguity, and temporal sorting in public policy*. Leviathan.

Zahariadis, Nikolaos. 2015b. The shield of Herakles: Multiple streams and the emotional endowment effect. *European Journal of Political Research*.

第十章 结论：公共政策理论与民主：角落里的大象

海伦·英格拉姆 彼得·德利翁 安妮·施耐德

引 言

从很多方面来说，我们都生活在一个公共政策理论充盈的 175
学术环境之中。一系列引人注目的文本和受到高度重视的国内
和国际会议反映了公共政策理论的重要性。然而，我们必须对
这一乐观评估保持警醒。当然，这里存在着"角落里的大象"，
即存在着一种破损且消沉的民主形象。民主在许多国家，既是
治理的中心，也是麻烦所在，但是公共政策学者（尤其是美国
学派）似乎不愿意看到它，或者趋于将其限制在分析的边缘。 176
享有特权、备受尊崇的公民的声音在决策过程中很响亮，也很
有影响力，而普通公民的声音却很小并被忽视。从不均衡的参
与和代表性中产生并使之加剧的公共政策固化了这一问题。然
而，很少有公共政策研究提到民主（或其缺失），当然也没有
将其作为评估政策的标准。因此，我们提出了一个直截了当的
问题：无论公共政策理论研究怎么蓬勃发展，政策对民主的影
响这一关键问题却没有被注意到。通过对几十年前的研究进行

事后总结，我们反思了政策学者忽视民主的根源及其原因。

在这一章中，我们提供了对民主的基本理解，并从公共政策研究领域追根溯源。然后，我们探究政策学者为什么以及如何偏离这个话题，并对它作为当代政策框架（包括本书中描述的框架）其中的一个微不足道的主题进行了探讨。一位颇有声望的政策研究领域学者泰德·洛伊（Ted Lowi）提供了民主在公共政策分析中被轻视的原因，我们考察了他的批评在多大程度上仍然适用。然后，我们确定了我们认为当今美国和许多其他民主国家的民主面临的最大威胁。我们提供我们自己的民主政策框架，该框架侧重于政策和公民之间的双向关系，并强调传递损害公众参与信息的政策的危害。最后，我们为政策学者如何将民主这头大象拖出墙角提供建议，并分析政策学者如何为治愈这一现状作出贡献。

民主是一个言不由衷的词语，因为我们向之致敬却想当然地去理解它的意义。为此，我们必须将这一想法分解为一些基本要素：民主是一种政府制度，在这种制度下，一个社区的成员基本上直接或间接参与影响他们所有人的决策（deLeon 1997，p.14）。政策不应一贯歧视和排斥某些类型的公民。对民主至关重要的是，所有反映政策反思的有利因素都应被代表（Dryzek and Niemeyer 2008）。公共政策应该囊括、支持和激励公民参与（Mettler[①] and Soss 2004）。即使在民主最应根深蒂固的西方工业化国家中，也无法实现它的基本要素。特别是美国的表现，尤其令人震惊，原因有许多：极高的监禁率剥夺了当前和许多之前的囚犯的基本权利，如投票权和集会自由权、普遍的种族歧视和压制投票权的偏颇法律，以及金钱在选举中

177

---

① 原文中此处为空白，疑为遗漏此作者名。——译者注

占主导地位。就连联邦法院系统——历史上美国民主遗产的守护者——也几乎认可了个人资金可以潜在左右美国政治的观点（见联邦上诉法院诉公民联合会，以及巴克利诉维拉霍）。

欧洲国家也达不到要求，欧洲委员会的调查结果（2014）显示，对少数民族，特别是吉卜赛人的种族歧视十分普遍；政治候选人在选举中缺乏公平的机会；一些国家没有遵守和平集会的权利；言论自由和媒体自由受到威胁，包括针对记者的暴力行为。拉丁美洲和世界其他地方的民主国家也受到威胁。例如，墨西哥缺乏法治并过度腐败（*The Economist* 2014）。政策研究人员大多忽视了这些民主国家陷入困境的信号。对于一些备受尊敬的学者而言[1]，虽然民主是一个主要话题，但在绝大多数政策研究中，它并不是一个核心问题。

当然，在20世纪40年代，政策研究作为一个独立分支出现时，这种忽视并不是有意的。当公共政策领域第一次出现时，民主和公共政策是紧密相连的。1948年，哈罗德·拉斯韦尔创立了民主政策科学领域，目的是提供澄清决策过程以及政策问题所需数据的信息。他为政策研究提供了三个标准：跨学科的、问题导向的和明确的规范（deLeon 1998）。用拉斯韦尔的话说，民主的政策科学旨在收集知识以改进民主实践（deLeon 1997，p.7）。他的兴趣是为民主精英服务，但他设想整个社区都是精英（deLeon 2009，p. xi）。令人遗憾的是，尽管他的研究很丰富，出版了50部书和发表了1000多篇文章，但是，拉斯韦尔的观点在政治学领域已经过时了。作为一个主题来进行研究的公共

---

[1] 这些人当中，值得注意的有，约翰·德雷泽克（John Dryzek）、弗兰克·费舍尔、詹姆斯·费什金（James Fishkin）、黛博拉·斯通、约翰·弗雷斯特、苏珊娜·梅特勒、乔·索斯、斯蒂文·R. 斯密斯（Steven R. Smith）、吉纳维芙·约翰逊（Genevieve Johnson）以及詹姆斯·莫罗内（James Morone）。

政策几乎不存在。相反，学者们关注表现在投票和立法行动中的政治行为，强调的是不冒价值判断风险的狭义测量和可检验的命题。

178　　20 世纪 60 年代，美国向学生提供带有"**政策**"一词的课程仅仅只是外交政策课程。一些持多元主义观点的政治科学家关心民主，但他们主要考虑政治制度，而不是与政策内容有关。[①] 20 世纪 60 年代末，情况开始发生变化，几个趋势汇集在一起，使政治学学科中的公共政策研究更加坚定地朝向合法化。

　　奥斯汀·兰尼（Austin Ranney）（1968 年）和艾拉·夏尔康斯基（Ira Sharkansky）（1970）编辑的图书对美国政治学中的政策过程研究发挥了作用；此后不久，在查克·琼斯（Chuck Jones）和托马斯·戴伊等学者的帮助下，成立了政策研究组织。该组织中的杰弗里·普雷斯曼（Jeffrey Pressman）和艾伦·威尔达夫斯基（Aaron Wildavsky）在 1973 年进行了多次政策"执行"方面的研究，许多政策导向的研究人员在研究"执行"的学者群中找到了归宿。在戴伊、夏尔康斯基和霍弗伯特（Hofferbert）的比较政府的研究中，将美国各州视为民主的微型实验场，并检验了政策过程与政策结果（包括民主结果）之间的比较命题，例如各州如何设法采纳（或不采纳）代表穷人利益的政策。霍弗伯特恼怒地写道——

　　　　"一段时间以来，我习惯于从所谓'政治理论'的角度

---

　　① 我们从达尔和林德布洛姆中学习到，美国民主是一个没有团体可以总是赢或者输的多元主义的体系，但是这个体系朝向稳定均衡的状态前后摇摆，并表现为渐进地变化。我们从菲利普·康沃斯（Phillip Converse）那学到，美国系统的稳定至少是部分因为体制的横向分裂和两党体系，这产生了公众普遍接受的立法。V.O. 凯伊（V.O.Key）教会我们，如果一个国家要产生有利于社会贫民的政策结果，那么，竞争性的两党体制是最基本要素。

向同事们询问以下问题：决策者如何利用他们的工具来最大限度地增加一个国家获得和（或）保持民主的机会?"我的从事政治学理论研究的同事回应道："你问错了问题。"

"不，我不是，该死！"（Hofferbert 1986，p.234）。

也就是说，拉斯韦尔创立的民主政策研究与民主的早期联系一般不会在政策研究的复兴中发扬光大，而大多数出现的更狭隘的理论或框架都使学者们完全摆脱了对民主的关注，而其他人也只研究了民主的一个方面。此外，在政策设计发展之 179 前，政策的实际内容，包括工具、规则和实施结构，被认为是其他领域的研究范围，当然不属于政治学的范围（Bobrow and Dryzek 1987；Schneider and Ingram 1990；Ingram and Schneider 1990）。如果不关注政策的实际内容，将政策本身与民主结果联系起来几乎是不可能的。将政策过程视为一种对民主的投入和影响，以及一种民主结果，只会使政策本身成为一个暗箱，并导致一种隐含的假设（多元主义理论共有的假设），即一个具有普选权和分权制的竞争性两党制将（当然）产生为民主服务的公共政策。

民主在当代框架中的作用和公共政策研究路径

当代政策研究的一些主要框架基本上与民主没有联系，有些具有微弱或隐含的联系，只有本章后面介绍的框架是专门建构来强调政策与民主的关系的。

可以说，在政策研究领域中，最杰出的框架的确是埃莉诺·奥斯特罗姆的制度分析与发展框架。作为创始人，她继承发展了其丈夫文森特·奥斯特罗姆影响深远的工作，并因此获得了诺贝尔经济学奖。这一框架建基于民主治理的基本问题，但它在当前的应用中却不再强调与民主的联系，或者完全放弃了它们之间的联系，转而支持狭义集中的论点。

尽管埃莉诺·奥斯特罗姆的理论完全建立在公共选择理论和"有限理性"的基础上，但她从早期的工作中就确信，经济学家们认为利己主义者与民主治理相结合会摧毁公地的观点是错误的。经过多年对世界各地案例研究的艰苦搜集和编码，她在《治理公地》（Governing the Commons）中提出，民主国家中自利的个人不会导致哈丁（Hardin）所言的"公地悲剧"，因为个人（或政府机构）通常能够团结起来，妥协，达成对公众回应的协议，并在不破坏公地的情况下治理公地。

因此，核心问题似乎是民主治理是能够（或不能）达成此类协议的条件。然而，由于对框架、模型和理论之间差异的定义、分类和讨论的关注，制度分析和发展框架的价值取向似乎经常被忽视。然而，在本书第五章阿拉尔和阿姆里将框架追根溯源，并敦促学者们"将关注范围扩大到效率、公平、有效性和政治可行性之外，以便明确考虑规范的社群主义价值观，如合法性、公平性、问责制、自治和公民权"。

第二个众所周知的框架，即倡导联盟框架，有意排除了对民主或其他基于价值判断的考量。正如韦布尔和詹金斯－史密斯所解释的那样（本书第二章），倡导联盟框架侧重于政策过程（而非政策内容），他们解释了联盟是如何形成的、政策学习是如何发生的以及政策是如何变化的。大多数使用这一框架的学者仍然持"价值中立"立场，他们不会努力确定正在研究的政策进程是改善还是减损民主，甚至不会观察政策变化过程中谁受益和谁受损。本书第二章强调，该框架在研究有争议的政策问题方面特别有用。作者指出，因果联系几乎肯定会因政

180

府类型而异——威权政体不一定会表现出与民主政体或高度集权政体相同的模式。当然，这体现为与民主的关系，但这并不是试图解释民主治理是如何维持或丧失的框架。将政策和民主联系起来的大问题并不是倡导联盟框架所关心的内容。

间断均衡理论起源于与民主的明确联系，但这种联系往往有些模糊和遥远，因为它的应用都集中在与民主脱节的政策变化这一狭隘方面。艾斯勒、罗素和琼斯对此做了很好地解释（第六章）。间断均衡理论之所以出现，是因为现有的渐进变化理论与经验观察不一致。相反，对该体系的观察表明，有时美国政府体系在从一个主导视角转向另一个主导视角时，会经历突然的间断。间断均衡理论学者有时会将其视为民主的基本缺陷，因为它无法对外部事件作出平稳的反应，一些学者特别感兴趣的是，为什么弱势群体很难进入政策议程本身。因此间断均衡理论中有一个初始的隐含假设，即民主制度应该能够以相对稳定、渐进方式适应其环境的变化（包括公众偏好的变化）并且在需要的时候易于逆转。然而，间断均衡理论的大部分应用主要遵循实证主义传统，因此对作出准确预测（这是成熟科学所必须的）的困难更感兴趣，而不是探索无法适应不断变化的环境给民主带来的危险。除了少数例外，间断均衡理论不考虑谁从政策间断中受益，谁从中受损。

话语政策分析框架是从批判理论中产生的方法之一，它将几个创新思想引入到公共政策学术的哲学和实践之中（Fischer 2003a，2003b；Yanow 1998；Dryzek and Niemeyer 2008；Durnová，Fischer，and Zittoun，本书第三章）。批判理论抛弃了实证主义和新实证主义的大部分流程，且不聚焦解释和预测政策过程、设计或变革，而是揭示反抗体系。政策的批判性观点的目标——至少在原则上——是产生能给所有人赋权、启迪

181

和解放所有人的社会变革（Schneider and Ingram 1997，p.51）。即便如此，人们仍有理由质疑大多数批判性政策分析是否真正把公共政策对民主的影响放在核心位置。

话语政策分析的变体之一，"论辩转向"（参见 Durnová et al.，本书第三章）将政策学者的注意力集中在参与者提出的实际论点上，即参与者创造和通过一些观察来号召大家关注这样一个事实——从高度复杂、多视角、模糊不清且不确定各种行动后果意义上而言，问题往往被"妖魔化"。在这种情况下，以科学为导向努力找出一些因果变量，并预测哪些政策会被选择，哪些会有更好的结果，上述努力都是注定失败的并在实际上是反民主的。正如杜诺娃等（本书第三章）所言，争论必须针对更高的规范性标准，这样政策分析师就不仅仅是搜集数据，而且定位、解释并赋予数据意义。判断政策不仅仅是看它们是否有效，还看它们是否与情境相关，以及它们如何影响社会的基本价值观和规范理念。

然而，随着这个领域的发展，与民主的联系往往变得越来越难以辨别。例如，即使话语是根据"更高层次"的规范性批判来判断（Durnová et al.，本书第三章），它也不是一定涉及民主，也不能证明"改进的论点"会提升民主。许多（也许是大多数）批判理论家设想了一种参与式的、基于共识的决策形式。但是，这种形式，即使是在小团体中也很少见到，就更不用说在整个国家能够见到了。杜诺娃和他的同事们（本书第三章）写道，"最好的决策通常不是最有效的决策"。相反，"在所有分歧已被话语化解或安抚，至少足以在特定情况下被接受之前，可以推迟决策"。如果不是公然蔑视公共政策和机构，那么，它们通常被质疑，因为它们是问题的一部分——而非解决方案。有时，批判性分析似乎暗示着问题是不可改变的，公共政策不仅无力帮助问题的解决，而且持续维持着社会的压迫和反民主性质。一些批判性的方法通常放弃了民主的理念，转而将大量的注意力集中在质疑持续使用实证主义和新实证主义方法上。

　　毫无疑问，诸如话语分析、叙事分析、协商性政策分析和社会建构运动之类的批判性方法被广泛理解，给政策分析领域带来了许多新思想，但重要的是，这些方法应该建立在对当代制度和过程无休止批评的基础上，聚焦公共政策如何为更民主地治理社会作出贡献。

　　随着时间的推移，一个社会创造和维持的治理方式取决于人们的思维方式、价值观、决策和解决问题的差异以及他们工作的制度文化。政策分析中几个最独特的框架将注意力集中在这些问题上。扎哈里亚迪斯（本书第九章）描述了关于"有限"理性的思想的演变，以及"多源流"方法如何对政策过程提供令人信服的解释，但它尚未有效地处理政治权力或民主理想的问题。相反，扎哈里亚迪斯说，在多源流路径中（本书第九章），"它通过颂扬集体行动的目标和有效性来实现民主"。盖伊·彼得斯对政策分析的各种制度路径进行了极好的总结，这提醒了我们，即制度对人们实现其价值和作出决策的方式有着巨大的影响。彼得斯写道，制度影响公共政策，公共政策影响制度；但是制度、政策和民主之间的明确联系在很大程度上是缺失的。更狭隘的焦点是"手段和工具"的路径，海伦·玛格茨和克里斯托弗·胡德在本书中对此进行了很好的总结（第八章），他们检验了几种不同类型的"工具"框架的应用、优势和局限性；但是大部分的讨论是关于如何对各种工具进行分类，而不是它们如何促进或阻碍民主。

　　与大量的价值中立工具和手段框架的研究相反，彼得·约翰（本书第七章）清楚详细地阐述了新行为主义的承诺和问题，以及它如何影响决策者所使用的工具和手段，还阐述了

183

公民可以用来"助推"决策者的工具和手段。约翰说，社会心理学对人们如何作出决策的诸多洞见所提供的承诺是，了解政策设计的各种工具和手段将如何影响人们的行为，将使决策者能够创造更好的（更有效、更被接受）而又不限制公民自由或权利的公共政策。然而，最大的危险是，获得更多知识——了解特定地点和情境中的人们对各种信号作出反应的特定方式——的专家，将会利用这些知识来操控人们。尽管如此，他还是对不断增长的知识（人们为什么要以自己的方式行事）前景作出了积极的总结："公民的助推有可能帮助政策制定者制定更好的政策，并反过来帮助公民进入一个自我强化的循环。"

探索忽视民主的根源

虽然公共政策研究正在蓬勃发展，但是，这一研究与民主的关系也在弱化。正如我们所讨论的那样，在某些路径和框架中民主问题被边缘化，以致在研究中微不足道。为了研究公共政策而发展出来的许多框架都可以与民主联系起来，但研究人员往往分散或忽视了公共政策对民主社会的影响这一更大的问题。

多年来，公共政策中的主要人物①很少承认这种忽视的重要性，但有一个明显的例外，那就是1992年西奥多·洛维（Theodore Lowi）在美国政治科学协会上发表的主席讲话。洛维演讲题目的副标题为"**我们如何成为我们所研究的内容**"。其讲话表明，就像角落里的大象一样，对民主产生威胁的"大变化"（洛维称为转型）被政治学家以及包括公共政策在内的

---

① 除了之前所述的霍弗伯特例外。

主要子领域所忽视（1992）。我们在本章中重新讨论了其中的一些论点，解释了这些论点，并评估了它们是否持续存在。

　　1992年，洛维宣称，经济思维和分析正在这一领域大行其道，经济学是国家的新语言，而政策分析以效率和有效性为重点，为国家提供了很好的服务。现在可以说，经济学在政策研究中仍然具有影响力，但许多其他学科也是如此，包括社会学、地理学、规划学、心理学、历史学、传播学等。而且，当今许多优秀的政策学者都具有多学科的身份。我们研究的定位是涉足其他学科的政治科学家的方向，但无论好坏，我们的批评都来自政治学。

　　另一项抱怨仍然和民主部分相关。洛维谴责主导政治科学的实证科学。他说，实证科学贬低了以价值为导向的研究，剥夺了它的激情。洛维认为，科学要求分析必须是中立的、理性的和微观的。结果，人们把注意力集中在最小的单位，即变量上，却很难对它充满热情。我们转到德博拉·斯通的演讲中来强调这一点。德博拉·斯通（2013）在"解读政策会议"（Interprepretive Policy Conference）的主题中选择了"认真对待情绪"，她认为我们政策学者仍然在忽视情感。她说，"我们现在从认知科学中知道，世界上不存在像纯理性思考且缺乏情感这样的怪物。每一个在政策解释研究社群中的学者还有其他许多人都是不完全拒绝实证主义科学、理性/情感二分法以及客观可能性"。她接着写道，即使是后实证主义解释的学者也很难证明他们是认真的和科学的。像**严格**、**系统**、**方法论**、**谨慎**、**分析**和**充满激情**等术语通常都是流行词，也就是斯通所说的"所属词"。这些词好像是我们可以被批准进入和待在社会科学俱乐部的密码。

　　我们同意德博拉·斯通的观点，即在洞察力方面，淡化人类行为的情感基础会使我们付出很大代价（同时参见 Durnová et al.，本书第三章）。一些与情感有关的值得注意的作品来自其他研究领域，如地缘政治和社会心理学。多米尼克·莫西（Dominique Moisi）（2010）认为，恐惧、幽默和希望的情绪正在重塑世界。心理学家向我们揭示——道德判断是情感驱动的，而理性则是次要角色（Lewis 2013；参见 John，本书第七章）。海特（Haidt）（2012）认为，道德冲动是人类行为的指南，包括群体内的忠诚度，支配着成员对群体的忠诚、对局外人的怀疑和对群体成员的背叛。

　　然而，公共政策研究领域正在克服洛维所认为的科学强加的许多麻烦的限制。正如德博拉·斯通所言，她和我们中的许多人都很乐意脱离实证主义的传统。民族志方法被那些以访谈和观察为基础的学者广泛采用。话语分析在公共政策研究中占有坚实的地位。叙事政策分析借鉴了人文学科的研究成果。许多学者采用各种各样的方法，有些方法可以被称为解释性方法，而另一些方法则不然。定性方法被广泛应用于主观经验的研究。我们观察到，当今最好的公共政策工作都是采用了多种方法。

　　洛维最严厉的批评是，公共政策和其他支配领域发展太慢，未能认识到 1992 年改变美国民主本质的根本变化。洛维认为，相对于解决微观问题，未能解决重大问题导致了一种倾向，即把每一个微小的变化都解释为与我们现有政治体制模式（被定义为民主）相吻合。研究人员对从根本上改变政权的行为累积却视而不见。

　　洛维进一步指出，分析语言本身必须是微观的，也就是说，需要将其转变为变量语言。对洛维来说，微观粗暴地排挤出了我们应该认真参与的话题。他的结论是，我们需要对一个值得的问题认真讨论。拉斯韦尔会谴责那些过分专注于某一特定现象的工作。在他看来，政策科学不是科学，除非它为民主社会服务（deLeon 2009，p. xi）。然而，公共政策的研究往往侧重于小问题，很少追踪诸如民主之类的大议题的含义和影响。

　　自 1992 年洛维提出批评以来，政策研究以重要的方式发展起来。它摆脱了经济思想的支配，制度经济学和行为经济学起到了抵御经济学帝国主义的缓冲作用。我们接受了多种学科、多元化的路径和方法。然而，洛维的一些考量仍然具有意义。很多领域还没有将情感作为分析的一部分。遵从狭隘的科学方法的思想仍驱动了很多学者在微观上聚焦他们的研究，却未能认真对待最初激发民主政策科学的价值承诺——即向政策行动者提供信息以改进决策和过程，这已使该领域的许多人变得缺乏批判思想。威胁民主的危险趋势已经被人们所忽视。洛维在他的主席讲话中提到，被忽略了的危险变化是，行政国家中官僚主义的增长及其权力，其中，专家和专门人才在没有公民参与和投入的情况下作出了许多影响公民的决定。我们认为，当前存在的对民主的威胁是非常不同的，但民主问题尚未得到应有的关注。

以民主为中心的政策分析方法

　　研究民主的理论家对公民之间的关系有不同的看法，公民也是政策的目标，并存在于政策周期的各个阶段。有些人相信，民主政体中的公民需要政府的保护。而另一些人则认为，政府应该解放公民，使他们能够有效地表达自己的喜好。彼得·德利翁（1995）将第一个概念称为麦迪逊式民主制度，旨在保护公民免受暴政。麦迪逊担心政治派别的有害影响和多数人的统治。另一个概念，也是最近我们所认同的观点，即民主国家的人应该能够参与决策和制定政策偏好（协商民主的讨论参见Johnson 2015），其中一些学者将重点放在改革有关选举资格和投票权的政策上。他们设计并尝试了具有前景的、在投票之外的备选方案，例如话语代表性、公民论坛和其他有意义的政策参与机制。这项工作是重要的，但这些法律的变化本身并不能纠正政策破坏民主的现有方式。

民主是通过在公共政策中划分目标群体类别来建立和摧毁的。在许多当代的政策设计中，基于标签、刻板印象和污名的偏见，政策设计创造并证明了类别的合理性，并在决定谁赢、谁输中扮演着重要角色。在政策周期中，目标人群的形象往往是由社会构建的，而且可能会变得根深蒂固，以致人们认为他们是"真实的"。当社会结构具有欺骗性和歧视性时，会使一些公民被排除在参与之外。这显然违反了公平和平等对待的基本原则。以情感为基础的政策被特定群体所决定，这些群体是值得或不值得告知的一些人，他们的利益会自动与公众保持一致，同时这也会疏远和阻止其他人。在政策周期的每个阶段，政策制定中的论述、立法和规则中的规定、法律的实施方式以及政策的影响，都传达出关于谁重要、政府服务谁和惩罚谁的信息。这些信息教会公民，他们的问题是与公共福利有关的公共问题，还是他们自己要解决的问题，并同时会让他们感到是否被尊重、忽视或被惩罚。它们教会人们参与是不是重要，还有政府是不是一个需要回避的主体。当然，按政策分配物质利益和负担也会影响到必须参与制定政策的时间和资源目标。因此，一些人具有强烈获得成绩的政策动机来参与政治。而其他人则受到政策的排挤并被迫退出。这一体系正在退化，因为下

187

一轮的政策制定复制了同样的病态，而这些病症在社会的政策过程和制度中变得更加根深蒂固。这些问题并不像多元主义者所设想的那样，建立在一个自我纠正的治理体系之上，而是建立在自身基础之上。

图 10-1 将公民置于分析的中心，因为他们的态度和行为对民主至关重要。该图确定了政策参与的关键要点。参与可能是参与政策制定过程**以及**政策传递出的影响公民态度和取向的信息环节。重要的是要观察到，箭头指向是双向的，以及被忽略了的政策反馈 / 前馈关系。我们提出的基本观点是，政策辩论中的论述、立法和规则中的规定、法律的实施方式以及政策的影响都传递着关于谁重要、政府服务谁和惩罚谁的强有力信息。我们使用图 10-1 中的政策周期，并不是要假设政策过程是线性的或基于阶段的（参见 Weible and Jenkins-Smith，本书第二章）。相反，我们认为政治，包括行动者和目标受众的信息，可能因环境而异。例如，制度理念和规范会影响机构如何解释政策和对待客户（参见 Peters，本书第四章；Araral and Amri，本书第五章）。

其他要提及的是，我们认为，目标人群的社会建构是一个 188 过程，通过这个过程，价值观和意义被附加到个人和群体身上，从而能够解释他们的价值，并提供了对他们进行好坏对待的理由（Schneider and Ingram 1993；Schneider et al., 2013）。政治权力指的是完全不同的东西，包括选举支持、权威、技能、经济和其他资源。我们没有理由去重现在 20 多年前开始发展的权力 / 社会结构矩阵，来对不同的人群进行分类，这一矩阵在政策文献中得到了广泛的应用。就我们的目的而言，我们可以充分的观察到，当某些人在权力和正面形象上总是受益，而另一些人几乎从来没有受益时，我们所期望的民主的平等和公平的代表制与对待是不可能发生的。接下来，我们将讨论过于慷慨、过于小气或掩盖利益的政策带来的不良后果。然后，我们再继续讨论当政策施加过高的成本和损害政策受益人的侵入性规则时所发生的同样糟糕的事情。

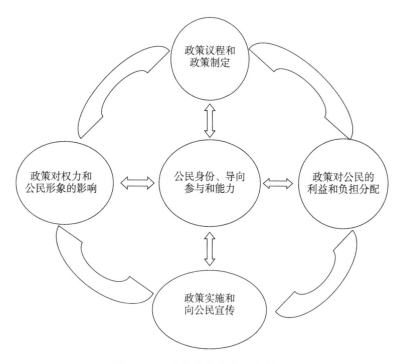

图 10-1　政策和公民的双向关系

有偏颇的利益分配

189　　在预算很紧张的时候，即使是对被看重、有权势的集团来说，过于慷慨的福利也可能面临被攻击的风险。然而，在美国，给予产权人或老年人等处于政策有利地位的人群好处并不会招致这样的批评。长期以来，产权人一直与良好的公民权相互联系。为美国西部大部分地区打好建设开发基础的《宅基法》正是受到了以下观念的鼓舞：财产所有权驱逐了大城市里拥挤的租户，将人们重新安置在土地上，在那里他们可以组建民主社区，并成为真正的美国人。在大萧条时期，房屋所有权受到许多抵押品赎回权被取消的威胁，对此，政府采取了有担保的低息贷款和其他措施。更重要的是，房屋所有权提供了许多税收优惠。房主自用住房的税收优惠每年总计约为1750亿美元，但是，仅抵押贷款利息扣除额一项就使得国库要花费约1000亿美元。这些税收优惠的5年成本总计1万亿美元。如果正确地看待这些数额的话，自用住房一年的税收优惠成本要多于教育、国土安全、能源和农业部门的可自由支配预算。然而，这些补贴甚至没有增加住房拥有率，而且高度偏向郊区较富裕群体（Hanson et al. 2014）。

显然，税收补贴在今天没有多大的帮助意义，因为许多人把他们的房子当作一种投资，经常搬家，也没有与社区建立联系。因而，从这一政策中受益的人们将非常不情愿地承认他们的利益是不合理的。在美国以外的其他国家，明显存在有利于一些房主的公共补贴。西班牙和荷兰拥有大量的自有住房者，他们显然拥护税收减免和投资。相比之下，德国房屋租赁的投资者享有特权，因为私人投资者从一开始就被纳入补贴计划，这为大型私人租赁房屋市场奠定了基础（Voigtländer 2009）。

同样，在美国，受社会保障保护的老年人是一个强大且被重视的群体。事实上，对这些老年人利益的攻击被认为是政治的"第三条道路"——必然通向死胡同！然而，在英国，虽然老年人看起来很被重视，但他们缺乏在美国享有的那种政治权力（Vincent et al. 2001）。这里突出的一个重要的事实是，一 190 个群体的社会建构是一个需要经验验证的问题，而不是在所有国家或在整个时间段都会被认为是"理所当然"的事情。同时，社会结构是可以改变的。

给弱势群体的好处太少，传递出受助人的需求对政府来说相对不重要的信息。在同一时间，其他人群可以说与产权人和老年人应得一样的待遇，但由于没有政治权力，他们获得的福利太少，因此，对他们的作用也微乎其微。在林登·约翰逊（Lyndon Johnson）向贫困问题宣战 50 多年后，对穷人的援助仍不足以解决其根源问题。当穷人确实得到帮助时，他们往往很难取得多大的进展。在 1960 年总统初选期间，约翰·肯尼迪访问了阿巴拉契亚地区，并震惊地意识到这个问题后，贫困成为一个问题。去年，在阿巴拉契亚与贫困做了半个世纪的斗争之后，有子女的家庭的贫困率现在为 43%，家庭收入中位数仅为 22000 美元（Gabriel 2014）。

在其他发达民主国家，尤其是那些还需联合欧盟（EU）在 2008 年全球金融危机后采取严厉的紧缩计划的民主国家，贫穷和福利匮乏都是一个相当大的挑战。例如，罗曼诺探讨了中欧和东欧的贫困在社会上和政治上是如何形成的，解决贫困的途径，以及各种群体如何被考量为"应得的"或"不应得的"穷人群体的组成部分（Romano 2014）。在福利大幅减少并受到保守派攻击的英国，至少有 1/6 的家庭被认为是贫困家庭，1/5 的人觉得很难应对最近的经济危机，1/3 的家庭至少有一人患有精神健康问题（Dorling 2015）。作为一个贫穷的移民，有很大可能仅获得非常少的政策福利。例如，在 20 世纪 60 年代当临时工，然后在丹麦定居的移民逐渐被视为边缘人，而不是需要照拂的人。而这种刻板印象也被现实进一步加强，因为许多在劳动力市场工作的移民工人在丹麦得到的社会福利比他们返回祖国后以及在那儿工作生活的人的福利要更好。尽管这些相对更好的福利是早已获得确认的权利，但人们

认为，与其他穷人相比，移民并不是那么的值得拥有这些福利
（Jørgensen and Thomsen 2013）。

给予声誉不佳的强权客户的隐性福利和监管救济教会了公 191
民，使得公民认为，在不起眼的领域进行影响力兜售和游说，
比更民主、更公开的程序更有回报。苏珊娜·梅特勒（Suzanne
Mettler）在《淹没的国家》（*The Submerged State*）（2011 年）
中指出，有影响力的游说团体能够保护复杂的税收减免和使对
富人有利的监管失灵。由于不知道谁赢谁输，普通公民就不能
动员起来以反对不公平的政策。许多复杂且通常看不见的税收
规则都向富人倾斜，并有利于他们。

最近对美国财富和影响力的研究表明，代表商业利益的经
济精英和组织团体对美国政府政策具有重大的独立影响，而以
群众为基础的利益团体和普通公民很少或没有独立影响（Gilens
2009）。因此，试图遏制权势集团滥用其职权进行不正当行为
的做法往往会失败。此外，银行被普遍认为是 2008~2009 年
金融崩溃的罪魁祸首。超额奖金和其他不正当的金融激励鼓励
银行冒险向不合格的借款人放贷。然而，如今的矫正措施还很
薄弱。高管的薪酬没有限制，监管改革的实施在实践中也被削
弱了。《多德–弗兰克银行改革法》（The Dodd-Frank Banking
Reform Law）要求监管者在法律改革实施之前，制定数百条
规则，并在机构内开展数十项研究。结果，所有几乎看不见的
活动的结果被推延，并削弱了规则，遭遇了监管方面的障碍
（Grosse 2012）。

**成本——包括罚款、监禁和负面规定——在分配上甚
至比利益更具偏见**

由于政府官员受到紧缩预算的制约，无法通过向"好的人"

分配好的东西来建立支持，他们就转而为那些被认为是不好的人做不好的事。不正常的成见和消极的政策常常被强加给被人反感的少数族裔。捷克当局被发现它侵犯了全国各地学校中吉卜赛儿童的人权，吉卜赛儿童在主流教育中被隔离在只有吉卜赛的单独班级、建筑物和学校中，甚至被安置在为"轻度智力残疾"学生开设的学校（Amnesty International 2015）。

192 　　在美国，对年轻的黑人罪犯的惩罚政策使他们引人注目。大约 25% 的 16~24 岁的年轻黑人男子没有上完高中，他们被监禁在少年管教所、拘留所或监狱里，相比之下，只有 6% 的白人被监禁。警察—公民两者的关系遭遇的都是贬义的言论并被附上使用武力的备注。韦弗（Weaver）和勒曼（Lerman）（2010）发现，遭遇国家惩罚性政策会导致对政治制度的不信任，并弱化对政治过程的依附。刑事司法政策传达了一贯的信息，即囚犯不配享有平等的公民权，并在守法公民和被认为是越界的人之间划了一条持久的界限。从 20 世纪 70 年代到 90 年代中期，美国的"对罪犯开战"对许多罪行规定了强制判决和长期监禁。随着监禁成本的攀升，立法机构作出了一些回应，即在长期判决上有所退让，但在逮捕和罚款、禁止获得救济、侵犯和中止公民权利等问题上却没有让步。

　　恐怖分子是成本过度分配的典型例子。当选的领导人似乎愿意拨出大量资源来惩罚他们。截至 2015 年 6 月，共有 122 名囚犯仍被关押在关塔那摩，尽管国际社会一片哗然，而且每名囚犯一年的监禁费用接近 300 万美元（而其他联邦囚犯则为 3.4 万美元）。[①] 其中 54 人获准释放，但出于各种原因，包括国会的反对（Human Rights First, 2015），剩余人员的转移被阻

---

　　① 这个数字在去年奥巴马政府时期已经逐渐减小。

止。未经审判或定罪的，或在法院推翻定罪后的长期监禁，肯
定不符合公平标准。针对可疑恐怖分子的极度严厉的法律已经
存在，而且在欧洲，这些法律被颁布的越来越多。但是，墨菲
（Murphy）（2012）令人信服地指出，欧盟的反恐行动削弱了
法治，绕过了民主的保障措施，转而支持强调强制控制个人自
主权的制度。

侵入性规则贬低福利接受者

允许侵犯隐私和限制自由的政策本该促进民主的、良好
的、负责的公民权。这有很多例子。在《查理周刊》（*Charlie
Hebdo*）枪击事件之后，学生和家长必须签署一份《莱西特宪 193
章》（Laicite），或者禁止公开举行宗教活动，比如戴头巾。在
大部分法国人中，这些法律法规被认为是维护民主所必需的。
但是，由于基督教的节日仍然在进行，以及其他团体也被准予
例外，于是，穆斯林感到这个法案是特别针对他们而产生的。
《纽约时报》援引社会学家让·鲍勃罗（Jean Bauberot）的话
说："这个我将之称为压制而不是严格的新《莱西特宪章》，不
再是 1905 年的它了。它冒着变得苛刻的和适得其反的风险，
引发了一种我是受害者的感觉。在目前的情境下，我们不需
要这样的东西。"我们引用了多米尼克·莫伊西（Dominique
Moisi）的说法，"《莱西特宪章》已经成为共和国的第一宗
教，它需要服从和信仰。但是，我更关心民主而不是共和国"
（Erlanger and De Fretas-Tamura 2015）。

克林顿政府时期开始的福利改革本应使人们摆脱享受福利
的角色，投入生产性工作之中。诸如要求工作和限制支付时间
的福利改革的努力，减少了福利名单上的人数，但没有改善福
利接受者的声誉。此外，国会还向各州分配了一些条件，以决

定从国民社会计划中获得福利，这些计划不仅包括福利，还包括补充营养援助计划、医疗补助、失业保险和残疾人福利；同时，州立法机构还要求实行强制性药物检测。在一些州，由于药物测试，福利救济人员减少了20%。然而，研究发现，其他问题，如精神疾病、学习技能差和身体较差，比吸毒更容易造成贫困（Metsch and Pollack 2005）。毫无原因或怀疑使用毒品，其对所有穷人进行药物测试是一种对他们的贬低和疏远。进一步而言，这一政策将针对穷人和弱势群体的社会方案的受众描绘为他们应该对自己的问题负有主要责任，而不值得同情。整个群体往往被贴上边缘人的标签，例如，公众普遍认为大多数享受福利的母亲都是酗酒者和吸毒者。令人欣慰的是，这种社会建构的观念框架和歧视性规则并不普遍。一项研究（Brucker 2009）利用社会建构框架对八个国家（澳大利亚、加拿大、德国、日本、荷兰、南非、瑞典、英国和美国）的津贴如何处理药物滥用问题进行了定性比较分析。美国不允许将残疾救济金授予有药物滥用失调的情况的人，目前美国是唯一这样做的国家。

政策描述影响参与

194　　政策经验是影响公民身份最显著的因素之一，它影响政治参与（包括投票）。从表面上看，政策效果与参与之间的联系似乎显而易见，因为西方工业化国家政府支出占到国内生产总值的1/3至1/2。除了这些开支外，政府的规章制度直接影响到工人、消费者和社区成员的生活（Mettler and Soss 2004）。然而，苏珊娜·梅特勒（Susanne Mettler）和乔·索斯（2005）指出，除了少数的例外，政治学和公共政策几乎没有论及公共政策对民主的公民权的影响。现有的研究表明，政策经验与参与之间存在着密切的关系。消极经验使潜在参与者被疏远和边缘化。例如，乔·索斯（2005）发现，美国报告中的大多数福利客户在与福利机构的接触中感到羞辱和脆弱，他们逐渐将福利机构视为他们生活中的一个普遍威胁。在一项全国选举研究中，索斯（2005）发现，领取福利者的政治效能水平要低得多。此外，领取救济金的人彼此之间有很深的隔阂。福利受众接受了针对他们群体的负面的刻板印象，并希望尽可能与那些拒绝贴上与他们同样标签的人分开。这种与同伴的疏远使他们极难动员起来。值得注意的是，与捐赠机构有着完全不同关系的残疾津贴领取者，如果政策不是家长式的和侵入性的，那么，他们对政府的总体看法要好得多，而且更有可能参与其中（Soss 2005）。

在政策影响和信息方面的经验可以限制参与也可以促进参与

与美国刑事司法系统的接触对政治参与、投票、公民团体参与和政府信任都有相当大的负面影响。这不仅适用于大量被监禁的年轻黑人男子，而且适用于一般的青年成人人群（Weaver and Lerman 2010）。如果指向他们的利益被描述成应得的（而不是施舍或慈善），人们可能对政府持更积极的态度并有可能参与其中。美国的社会保障福利在受益人的贡献下，明显地增加了老年人的投票和参与。二战后退伍军人在美国的福利被描述为公平和正当的，并表明退伍军人是有价值的公民。苏珊娜·梅特勒（2005）发现，福利有助于退伍军人获得大学学位，进行职业培训，支持年轻家庭，购买住房、农场和企业。接受者也变成更加积极主动参与的公民。与没有接受过教育和培训福利的退伍军人相比，领取者表明有超过 50% 的人参与了公民协会，政治上的活跃度明显提高。

政策执行：让接受者参与并鼓励他们表达他们的考虑以传递民主信息

索斯（2005）发现，参加早期教育项目"启蒙计划"的母亲，如果参与了该项目的教育任务和决策，就会对政府产生更积极的引导。我们需要对某些政策设计如何能够消除成见和刻板印象，以及这些政策如何能够传递民主和参与性的资源和信息有更多的研究。例如，我们将从了解《平价医疗法案》（the Affordable Care Act）是否增加了以前没有参保人投票和参与保护他们利益的可能性中获益。

多种政策对参与的影响

目前关于公民参与和投票的研究表明，一系列因素影响到参与者的选择。决定是否投票不仅是一种决定，也是一种身份的表达。这并不是单纯的利己行为，而是一种内在的社会行为，它满足了联盟和归属于更大群体的基本需要（Rogers et al., 2013）。由于多种政策向具有相似权力和社会形象的个体传递同样的信息，因此必须改变一整套政策，以影响参与过程的变化。发现这些政策如何相互作用和相互加强，需要在这些政策的背景下对客户进行研究。

最近的几项研究堪称典范，告诉了我们可以完成什么样的工作和迄今为止我们忽视了哪些工作。爱丽丝·戈夫曼（Alice Goffman）的《逃亡：美国城市中的逃亡生活》（*On the Run: Fugitive Life in an American City*）（2013）一书探讨了法律问题如何影响第 6 街道男孩们生活的方方面面，他们是一群贫穷、未受过教育、年轻的城市黑人，她为了她的故事而融入了他们。她记录了他们生活的各个方面，包括教育、健康、住房、就业、

196

友谊、伙伴关系、家庭和种族关系，是如何被一个由相互联系的政策所组成的无所不在的压制性权力体系所支配的（Goffman 2014）。在该书中，戈夫曼专注于警务政策，但她的研究表明，这还牵连到许多其他的政策。迫切需要进行类似的研究，使研究人员与政策接受者紧密地联系在一起，并追踪政策的效果。

罗伯特·普特南（Robert Putnam）的著作《我们的孩子：危机中的美国梦》（*Our Kids: The American Dream in Crisis*）（2015）更广泛地探讨了富人和穷人生活经历中日益扩大的差距。随着美国中产阶级的空心化，普特南记录了在美国那些富有的、参与政治的人和那些失败的、没有发言权的人之间的鸿沟是如何发展起来的。他认为在许多处于较低社会阶层的人心中，政治是最后一件事。像戈夫曼一样，普特南将不投票者的政治疏离视为几十年来许多因素发展的产物，包括家庭结构、学校、儿童发展和育儿以及人们居住的社区。他提出了许多改进建议，有趣的是，其中许多建议需要改变政策。然而，令人抓狂的是，他并没有涉及一些具体政策，而这些政策在瓦解家庭、社区、教育机构和工会以及破坏那些经济地位较低的人的经济机会方面扮演了重要角色。我们需要更好地了解多种政策的遗产，以及它们如何相互作用，以传递被破坏的民主和参与的信息。公民身份对一贯被贴标签和受到刻板印象影响的人意味着什么？

结论：将民主政治纳入政策研究

通过找到更好的答案来为民主服务是政策研究者的一项基本义务。从一开始，拉斯韦尔就把通过向公民提供信息、启发和激励他们参与来为民主服务，作为一项核心责任。当然，本

书写给各位同人，是希望我们的想法和发现能引起学术界的关
197 注。但我们也必须为更基本、不那么个人化的价值观服务。现
在是时候集体把大象移到会议室的中心，仔细研究它，看看如
何通过更加完善的公共政策来改善民主的健康状况。在本章中，
我们提出了一些公共政策学者需要做的事情。

我们对本书所包含的当代政策研究路径的回顾表明，由于
各种原因，民主被视为边缘的、无关的或事后的想法。随着时
间的推移，一些最初则为民主提供关注的框架，逐渐远离了价
值导向问题。其他框架则忽视了公共政策的内容，因此无法追
踪其影响。但也有一些人过于关注批评，以致未考虑采取改善
民主前景的政策行动，而且民主并没有被视为任何理想的选择。

当代学者使用这些框架重新发现了启发拉斯韦尔的民主
动力，这一点是很重要的。我们建议调试框架，以有意义和非
琐碎的方式解决民主问题。上文概述的以民主为中心的公共政
策研究路径，侧重于政策对公民的取向、信念和参与的前馈/
反馈效应，这一研究路径相当灵活，可以加以调整，以便与其
他研究路径兼容和结合。

我们列举了一些长期以来严重阻碍民主被政策学者认真对
待的因素，包括对价值中立的错误承诺；忽视政策中的情感、
激情和感官体验因素；许多研究对过分微观的关注和实证主义
的持续影响，将自身束缚在了定量之中，排斥了定性的方法。
应该认识到政策会造成并持续污名化和固化刻板印象，这都会
阻碍参与。政策学者需要更多地了解许多政策的累积影响，这
些政策向那些从政策参与中受益最多但参与最少的人传递出类
似不民主的信息。要确定能够树立政府的积极形象并鼓励民主
参与的政策设计，我们还有很多工作要做。

我们论点的核心是，公共政策在教育公民谁是政策的服务

对象，谁不是，谁能从中受益，谁被排斥，以及对政府的贬低与失望是一种常态还是一种例外上扮演着重要角色。当公共政策的信息和教训不符合民主要求时，政策学者应该做先锋，站在那些发出警报的人之前。

参考文献

Amnesty International. 2015. *Czech Republic systematically discriminates against Romani children in schools.* https://www.amnesty.org/en/latest/news/2015/04/czech-republic-systematic-discrimination-against-romani-children-in-schools/.

198

Bobrow, D.B., and J. Dryzek. 1987. *Policy analysis by design.* Pittsburg: University of Pittsburg Press.

Brucker, D. 2009. Social construction of disability and substance abuse within public disability benefit systems. *International Journal of Drug Policy* 20(5): 418–423.

Council of Europe. 2014. *State of democracy, human rights and the rule of law in Europe: Report by the Secretary General of the Council of Europe.* www.coe.int.

deLeon, P. 1995. Democratic values and the policy sciences. *American Journal of Political Science* 39(4): 886.

deLeon, P. 1997. *Democracy and the policy sciences.* Albany: State University of New York Press.

deLeon, P. 1998. *Advice and consent: The development of the policy sciences.* New York: The Russell Sage Foundation.

deLeon, P. 2009. Introduction to the transaction edition in H. D. Lasswell. In *Power and personality.* New Brunswick: Transaction Publishers.

Dorling, Danny. 2015. *Why social inequality still persists.* Bristol: Policy Press.

Dryzek, J., and S. Niemeyer. 2008. Discursive representation. *American Political Science Review* 102(4): 481–493.

Erlanger, S., and K. DeFretas-Tamura. 2015. Old tradition of secularism clashes with France's new reality. *New York Times,* February 5, p. 1.

Fischer, F. 2003a. Beyond empiricism: Policy analysis and deliberative practice. In *Deliberative policy analysis: Understanding governance in a networked society,* ed. Maarten Hajer, and H. Wagener, 209–227. Cambridge: Cambridge University Press.

Fischer, F. 2003b. *Redefining policy analysis.* Oxford: Oxford University Press.

Gabriel, T. 2014. 50 Years into the war on poverty, hardship hits back. *New York Times,* April 20. Downloaded, April 24, 2015, htpp://nyti.ms/QyiHKt.

Gilens, M. 2009. Preference gaps and inequality in representation. *PS: Political Science and Politics* 42(2): 335–341.

Goffman, A. 2014. *On the run: fugitive life in an American City.* Chicago: The University of Chicago Press.

Grosse, R. 2012. Bank regulation, governance and the crisis: A behavioral finance view. *Journal of Financial Regulation and Compliance* 20(1): 4–25.

Haidt, J. 2012. *The righteous mind: Why good people are divided by politics and religion.* New York: Pantheon.

Hanson, A., I. Brannon, and Z. Hawley. 2014. Rethinking tax benefits for home owners. *National Affairs* no 19, Spring.

199   Hofferbert, R. 1986. Policy analysis and political morality: A rejoinder to Anne E Schneider's critique of my prescription for scholarly division of labor. *Policy Studies Review* 6(2): 234.

Human Rights First. 2015. *Guantanamo by the numbers.* https://www.human-rightsfirst.org/sites/default/files/gtmo-by-the-numbers.pdf.

Ingram, H., and A. Schneider. 1990. Improving implementation through framing smarter statutes. *Journal of Public Policy* 10(1): 67–88.

Johnson, Genevieve Fugi, 2015. Democratic Illusion: Deliberative Democracy in Canadian Public Policy. Toronto: University of Toronto Press.

Jørgensen, M.B. and T. L. Thomsen, T.L. Crises Now and then--Comparing Integration Policy Frameworks and Immigrant Target Groups in Denmark in the 1970s and 2000s. 2013 Journal of International Migration and Integration, 05, vol. 14, no. 2. pp. 245–262.

Kahneman, D. 2011. *Thinking fast and slow.* New York: Farrar, Straus, and Gilroux.

Lewis, P.G. 2013. Policy thinking, fast and slow. *Annual Political Science Association Meeting,* August.

Lowi, T.J. 1992. The state in political science: How we become what we study. *The American Political Science Review* 86(1): 1–7.

Metsch, L., and H. Pollack. 2005. Welfare reform and substance abuse. *The Milbank Quarterly* 83(1): 65–99.

Mettler, S. 2002. Bringing the state back in to civic engagement: Policy feedback effects of the G.I. Bill for World War II veterans. American Political Science Review 96(2): 351–365.

Mettler, S., and J. Soss. 2004. The consequences of public policy for democratic citizenship: Bridging policy studies and mass politics. Perspectives on Politics 2(1): 55–73.

Mettler, S. 2005. *Soldiers to citizens: The G.I. Bill and the making of the greatest generation.* New York: Oxford University Press.

Mettler, S. 2011. *The submerged state: How invisible government policies undermine American democracy.* Chicago: University of Chicago Press.

Moisi, D. 2010. *Geopolitics of emotion: How cultures of fear humiliation, and hope are reshaping the world.* New York: Anchor Books (Moisi has a .. over the I but I do not know how to insert it).

Murphy, C.C. 2012. *EU counter terrorism law: Preemption and the rule of law.* In *Modern studies in European Law.* Oxford: Hart.

Pressman, J., and A. Wildavsky. 1973. *Implementation: Or, how great expectations are dashed in Oakland....* Berkeley: University of California Press.

Putnam, R.D. 2015. *Our kids: The American dream in crisis.* New York: Simon &Schuster.

200   Ranney, A. 1968. *Political science and public policy.* Ontario: Markham.

Rogers, T., C.R. Fox, and A.S. Gerber. 2013. Rethinking why people vote: Voting as dynamic social expression. In *The behavioral foundations of policy,* ed. E. Shafir. Princeton University Press: Princeton.

Romano, Serena. 2014. The political and social construction of poverty: Central and East European countries in transition. University of Bristol Press, Bristol (University of Chicago Press, Chicago).

Schneider, A.L., and H. Ingram. 1990. Behavioral assumptions of policy tools. *Journal of Politics* 52(2): 510–529.

Schneider, A.L., and H. Ingram. 1993. The social construction of target populations: Implication for politics and policy. *The American Political Science Review* 87(2): 334–347.

Schneider, A.L., H. Ingram, and P. deLeon. 2013. Democratic policy design: Social construction of target populations. In *Theories of the policy process*, eds. P. Sabatier, and C.M. Weible, 105–149. Boulder: Westview Press.

Schneider, Anne, and Helen Ingram. 1997. *Policy design for democracy.* Lawrence, KS: University of Kansas Press.

Sharkansky, I.. 1970. *Policy analysis in political science.* Ontario: Markham

Soss, J. 2005. Making clients and citizens: Welfare policy as a source of status, belief, and action. In *Deserving and entitled: Social construction of public policy*, eds. A.L. Schneider, and H. Ingram, 291–328. Albany: State University of New York Press.

Stone, D. 2013. *Keynote address to Interpretive policy analysis conference*, Vienna.

The Economist. 2014. *Reforms and democracy but no rule of law.* November 15. http//www.economist.com.

Vincent, John A., MGuy Patterson, and Karen Wale. 2001. *Politics and old age: Older citizens and political processes in Britain.* Aldershot: Ashgate.

Voigtländer, Michael. 2009. Why is the German homeownership rate so low? *Housing Studies* 24(3): 355–372. doi:10.1080/02673030902875011.

Weaver, V., and A.E. Lerman. 2010. Political consequences of the carceral state. *American Political Science Review.* doi:10.1017/S0003055410000456.

Yanow, D. 1998. The communication of policy meanings: Implementation as interpretation and text. *Policy Sciences* 16(1): 41–61.

索 引

Note: Page number followed by 'n' refers to footnotes.

© The Editor(s) (if applicable) and The Author(s) 2016
P. Zittoun/B.G. Peters (Ed.), *Contemporary Approaches to Public Policy*, DOI 10.1057/978-1-137-50494-4

译后记

公共政策研究在社会科学领域呈现出百花争艳的态势，诸多著作都对公共政策进行了积极的关注，并试图理解公共政策的源起、过程、效果以及应用。公共政策研究的繁荣有利于政府治理的良性发展，但是，诸多观点以学科知识为界限，如果能与不同的政策动态相互联系，可能会产生不同的政策认识论，进而影响政府施策行政的实践能效。《当代公共政策研究路径：理论、议题与视角》一书从政治学的角度对公共政策研究路径进行了系统和全面的探讨，展示了公共政策不同的研究方法和理论图景，辨析了公共政策研究中的基本概念和框架，分析了当代公共政策的最新发展趋势。这本具有前瞻性的著作非常具有学术和实践价值，社会科学领域学者和学生，以及政府实践工作者可以从中汲取丰厚的知识营养，也可以将本书用作参考教材、实践工具书。

本书出版得到重庆市高校维护稳定研究咨政中心的资助。本书是国家级一流本科专业建设点"政治学与行政学""行政管理"，重庆市研究生课程思政示范项目"公共管理研究方法"，西南政法大学"公共政策学"课程思政教学名师的建设成果之一。本书还得到了中国社会稳定与危机管理研究中心等科研机构的支持。本书能够顺利出版，还要感谢西南政法大学政治与公共管理学院相关领导的鼎力支持。

由于本书涉及哲学、政治学、行政学、社会学、法学等多个学科，在翻译的过程中，为求精准的反映作者原意并使文字顺畅，以利于读者阅读和理解，译者反复查阅相关文献，比较、推敲，然而译著能达致"信、达、雅"的境界实属不易，不足之处还请学界同人批评指正。

译者谨识

2023 年 5 月 30 日

图书在版编目（CIP）数据

当代公共政策研究路径：理论、议题与视角 /（美）
B. 盖伊·彼得斯 (B. Guy Peters)，（法）菲利普·齐图
恩 (Philippe Zittoun) 主编；张岌，郭春甫译. -- 北
京：社会科学文献出版社，2024.1（2025.9 重印）
  书名原文：contemporary approaches to public
policy:theories,controversies and perspectives
  ISBN 978-7-5228-1564-0

  I. ①当… II. ① B… ②菲… ③张… ④郭… III. ①
公共政策 - 研究 IV. ① D035-01

中国国家版本馆 CIP 数据核字（2023）第 077476 号

当代公共政策研究路径：理论、议题与视角

主　　编 /〔美〕B. 盖伊·彼得斯（B. Guy Peters）
　　　　　〔法〕菲利普·齐图恩（Philippe Zittoun）
译　　者 / 张　岌　郭春甫

出 版 人 / 冀祥德
责任编辑 / 宋浩敏
责任印制 / 岳　阳

出　　版 / 社会科学文献出版社·区域国别学分社（010）59367078
　　　　　　地址：北京市北三环中路甲 29 号院华龙大厦　邮编：100029
　　　　　　网址：www.ssap.com.cn
发　　行 / 社会科学文献出版社（010）59367028
印　　装 / 北京盛通印刷股份有限公司

规　　格 / 开　本：787mm×1092mm　1/16
　　　　　　印　张：15　字　数：180 千字
版　　次 / 2024 年 1 月第 1 版　2025 年 9 月第 3 次印刷
书　　号 / ISBN 978-7-5228-1564-0
著作权合同
登 记 号 / 图字 01-2021-4799 号
定　　价 / 98.00 元

读者服务电话：4008918866